STEPHAN
HINZ

Super

DRINKS

Edition
Fackelträger

SMOOTHIES
LIMONADEN
RELAXING
ENERGIZER
COCKTAILS
KAFFEE&TEE
KOMBUCHA
FROZEN
HEISSGETRÄNKE
FRÜCHTE
GEMÜSE
MATE-TEE
BOWLE
PUNSCH

99 NEUE
KULTGETRÄNKE

STEPHAN HINZ

Super
DRINKS

Edition
Fackelträger

Probieren SIE ES AUS!

Gesund trinken ist im Trend. Aber was bedeutet „gesund" überhaupt? Eine Warnung vorweg: Das hier ist kein Buch für Menschen, die nach starren Ernährungsregeln suchen, und es wird Ihnen leider auch nicht verraten, wie Sie innerhalb weniger Tage Dutzende Kilo Gewicht verlieren. Wir wollen mit dem Thema Gesundheit stattdessen etwas offener umgehen und das hinterfragen, was von selbsternannten Ernährungsgurus so alles behauptet wird.

Was nutzt es Ihnen, wenn Sie sich an irgendwelche angelesenen Regeln halten, aber sich dabei schlecht fühlen? Der Zweck einer gesunden Ernährung sollte es schließlich sein, dass Sie sich besser fühlen. Strenge Regeln, kompliziertes Kalorienrechnen und Genussverzicht haben fast nie mit Gesundheit zu tun. Denn die Hormone, die durch ein positives Erlebnis bei Ihnen ausgeschüttet werden, gehören ebenso zu einem gesunden Leben wie die Vitamine in Ihrer Nahrung. Abgesehen davon sind Menschen von Geburt an viel zu unterschiedlich, um detaillierte Ernährungsgesetze für alle Menschen aufstellen zu können. Dazu kommen der jeweilige Lebensstil, die Jahreszeit und sogar die Tagesform. Ihr Körper sagt Ihnen oft besser, was er gerade braucht, als irgendein Ratgeber das könnte. Dieses Buch kann Ihnen also vielleicht dabei helfen, Ihren Körper und seine Wünsche besser zu verstehen.

Bei meiner Arbeit hinter der Bar habe ich gelernt, wie relativ Gesundheitsvorstellungen und Ernährungslehren sind. So sind die meisten Spirituosen zum Beispiel ursprünglich als Medizin entstanden und verbreiteten sich über Apotheker und Ärzte. Ich will Ihnen hiermit nicht erzählen, Alkohol sei gesund, aber wie in allen Bereichen der Ernährung gilt auch hier: Die Dosis macht das Gift. Auch eine Überdosis Vitamine kann schädlich sein, wie Sie in diesem Buch erfahren werden.

Bevor wir uns auf die Rezepte stürzen, machen wir daher einen Ausflug zu den Zutaten und ihren Bestandteilen. Wann hat Rosmarin Saison? Ist Tiefkühlkost immer die schlechtere Wahl? Und was sind eigentlich Antioxidanzien? Dabei wollen wir natürlich kein botanisches oder medizinisches Lexikon ersetzen, sondern einfach und übersichtlich zeigen, was es mit den wichtigsten Zutaten auf sich hat und wie Ihr Körper sie am besten verarbeiten kann.

Gesunde Ernährung bedeutet außerdem in erster Linie Abwechslung. Morgen hat Ihr Körper Lust auf etwas anderes als heute, und im Sommer auf etwas anderes als im Winter. Sie finden in diesem

Buch deshalb nicht nur die gerade so angesagten Smoothies, sondern ein breites Sortiment aufregender Drinks für jeden Anlass:

bring me down
Einfach mal entspannen? Es ist nicht immer leicht, vom Alltag abzuschalten, aber diese Drinks helfen Ihnen dabei. Neben beruhigenden Kräutern wie Baldrian oder Lavendel finden Sie hier auch leicht alkoholische Drinks. Genau das Richtige, um einfach mal die Seele baumeln zu lassen und zu entspannen.

cool & frozen
Das Richtige für heiße Tage: Ob selbst gemachtes Eis, feines Sorbet oder andere eisige Erfrischungen – hier geht es kalt zur Sache.

garden & fruit
Diese Drinks strotzen nur so vor Frische und Aroma. Hier finden Sie die Vielfalt frischer Kräuter, Früchte und Gewürze – also all die gesunden Dinge aus dem eigenen Garten.

lemonades & flavoured water
Eine Erfrischung gefällig? Hier sind Sie richtig! Von mild aromatisiertem Wasser mit Kräutern, Früchten oder Gemüse bis zu hausgemachten Limonaden, leicht und nicht zu süß, können Sie hier beherzt zugreifen.

smoothies & powerdrinks
Unter Smoothies versteht man sämige Drinks, bei denen normalerweise die ganze Frucht mitverarbeitet wird. Gut gemachte Smoothies sind reich an Proteinen, Vitaminen und Mineralstoffen und sorgen für neue Kraft und gute Laune. Neben typischen Smoothies finden Sie hier auch Getränke, die in der Herstellung nicht unbedingt dem klassischen Schema folgen, aber den Smoothies bei der Wirkung in nichts nachstehen!

wake me up
Aufwachen! Hier finden Sie klassische Muntermacher mit Kaffee und Tee, aber auch Ausgefallenes mit Matcha oder Kaffeeblüte. Abgerundet wird das Ganze durch Drinks mit anregenden Zutaten wie Chili oder Ingwer. Bringen Sie Ihren Kreislauf in Schwung!

Schon Lust bekommen? Ich wünsche Ihnen viel Freude mit diesem Buch!

inhalt

➤ Rezepte:

wissen

und gewusst wie

VITAMINE

Erinnern Sie sich noch an die Vitaminwunderwaffe Lebertran? Falls Ihnen Lebertran kein Begriff sein sollte, dürfen Sie sich glücklich schätzen. Für all die anderen da draußen ist der fies schmeckende Fischsud jedenfalls der Inbegriff großmütterlicher Fürsorgefolter. Auch wenn man zugeben muss, dass der Zweck vielleicht nicht immer die Mittel heiligt, aber in dem Fall doch einiges verzeihen lässt. Denn Vitamine sind wichtig. Aber warum eigentlich?

Grundsätzlich sind Vitamine chemische Stoffe, die essenziell sind. Das heißt, sie werden von unserem Körper nicht produziert, aber dringend benötigt. Schließlich sind Vitamine an verschiedenen Stoffwechselvorgängen, der Stärkung des Immunsystems, der Verwertung von Proteinen sowie Mineralstoffen und vielen anderen – mal mehr, mal weniger – überlebensnotwendigen Prozessen beteiligt. Dafür allerdings muss unser Körper zunächst die Vitamine aus Lebens- oder Nahrungsergänzungsmitteln aufnehmen und verwerten. Falls Sie sich nun ausschließlich von Softdrinks, Mineralwasser und Weißbrot ernähren, kommt es zu den verschiedensten Mangelerscheinungen, die von Müdigkeit, Blutarmut, verminderter Wundheilung und Konzentrationsschwierigkeiten bis hin zu Depressionen reichen.

ÜBRIGENS:
Um das 16. Jahrhundert galt Skorbut – eine Vitamin-C-Mangelerscheinung – als hoch ansteckende und vor allem tödlich verlaufende Seefahrerkrankheit. Erst zweihundert Jahre später sollten Ärzte die Entdeckung machen, dass ein bisschen Obst und Gemüse an Bord Skorbut hätte verhindern können. Es war also die einseitige Ernährung, bestehend aus Pökelfleisch und Schiffszwieback, die die unerschrockenen Seemänner zu Hunderten dahinraffte.

Das heißt aber nicht, dass Ihre Ernährung ausschließlich aus Vitaminbomben bestehen sollte. Schließlich will unser Körper nicht nur ausreichend mit Vitaminen versorgt werden, sondern muss auch in der Lage sein, diese optimal zu verwerten. Wir können uns die zugeführten Vitamine für unseren Körper ohne ausgeglichene sonstige Ernährung vorstellen wie eine Dosensuppe ohne Dosenöffner: Wenn man die Dose nicht öffnen kann, landet sie früher oder später im Müll. Für Vitamine gibt es gleich zwei unterschiedliche Dosenöffner: Vitamine, die wasserlöslich (hydrophil) sind, werden nur von unserem Körper verwertet, wenn Wasser zugegen ist. Vitamine, die dagegen fettlöslich (lipophil) sind, brauchen – man könnte es ahnen – Fett. Ein Salat mit einem ölhaltigen Dressing kann deshalb für Ihren Körper besser sein als einfache Rohkost ohne Fettzusatz.

Gefährlich wird's, wenn Sie sich bestimmte Vitamine mitsamt Wasser und Fett massenweise einverleiben wie andere Leute Gummibärchen. Das liegt daran, dass man Vitamine auch überdosieren kann. Das nennt man Hypervitaminose und kann verschiedenste Vergiftungserscheinungen auslösen. Praktischerweise kommen diese Vergiftungserscheinungen höchst selten und meist im Zusammenhang mit Nahrungsergänzungsmitteln vor. Wir würden eher im wahrsten Sinne des Wortes platzen, als uns beispielsweise durch Vitamin E zu vergiften.

\
ÜBRIGENS:
Wie wichtig Vitamine tatsächlich sind, steckt auch schon im Namen der kleinen Alleskönner. Denn das Vita in Vitamin stammt aus dem Lateinischen und bedeutet so viel wie ,Leben'.
/

VITAMINE

Vitamin	Eigenschaften	Funktion	Mangel-erscheinungen	wichtige Nahrungsquellen	Zufuhrempfehlung pro Tag für Erwachsene
Vitamin A (Retinol)	Licht- und sauerstoffempfindlich, hitzebeständig, lipophil	Beteiligung am Sehvorgang, wichtig für Wachstum, Immunsystem, Entwicklung von Zellen und Gewebe	Wachstumsstillstand, Sehstörungen (v. a. Nachtblindheit), Appetitverlust, verringerte Fruchtbarkeit, Durchfall, Infektanfälligkeit	LEBER, FETTFISCH, BUTTER, EI, MILCH, KÄSE, IN GEMÜSE ALS β-CAROTIN ZU FINDEN	0,8–1,0 mg
β-Carotin (Provitamin A)	Lipophil	Antioxidative Wirkung	Nicht bekannt	KAROTTEN, SPINAT, GRÜNKOHL	2–4 mg
Vitamin B$_1$ (Thiamin)	Wasserlöslich, hitze- und lagerungsempfindlich, kann nicht vom Körper gespeichert werden, hydrophil	Begünstigt die Energiegewinnung aus Nahrungsmitteln, wirkt positiv auf das Nervensystem	Muskel- und Nervenstörungen, Depressionen, sehr selten Beriberi	(BIER-)HEFE, VOLLKORNPRODUKTE, REIS, SOJA, MANGOSTANE	1–1,3 mg
Vitamin B$_2$ (Riboflavin)	Hitze- und lichtempfindlich, hydrophil	Begünstigt den Sauerstofftransport, das Wachstum und die Verwertung von Fetten, Kohlenhydraten und Eiweißen	Sehstörungen, Hautveränderungen, Wachstumsstörungen, Lichtempfindlichkeit, bei üblicher Ernährung kein Mangel	MILCH UND MILCHPRODUKTE, FLEISCH, FISCH, EIER, KARTOFFELN, DUNKELGRÜNES GEMÜSE, VOLLKORNPRODUKTE	1,2–1,5 mg
Niacin	Zucker- und alkoholempfindlich, hydrophil	Energiestoffwechsel, Auf- und Abbau von Fett	Hautveränderungen, Depressionen, Schwindel	GETROCKNETE PILZE, GRÜNKOHL, ERDNÜSSE, REIS, ERBSEN, SOJABOHNEN, HÜHNERLEBER	13–17 mg
Pantothensäure	Hitzeempfindlich, hydrophil	Energiestoffwechsel, Beitrag zur Verwertung/Herstellung von Neurotransmittern, Kohlenhydraten, Cholesterin, Hämoglobin, Vitaminen A, D	Bei üblicher Ernährung kein Mangel	ALLE LEBENSMITTEL, INSBES. INNEREIEN, FLEISCH, FISCH, MILCH, VOLLKORNPRODUKTE, HÜLSENFRÜCHTE, BROKKOLI, BLUMENKOHL	6 mg
Vitamin B$_6$ (Pyridoxin)	Hitze- und lichtempfindlich, hydrophil	Eiweißverwertung, Bildung von Neurotransmittern	Bei üblicher Ernährung kein Mangel	FAST ALLE LEBENSMITTEL, INSBES. HÜHNER- UND SCHWEINEFLEISCH, SCHNITTLAUCH, PAPRIKA, BOHNEN, BLUMENKOHL, VOLLKORNPRODUKTE	1,2–1,6 mg
Biotin	Hydrophil	Energiestoffwechsel, Mitwirkung bei Aufbau von Blutgerinnungsfaktoren und Haarwachstum	Bei üblicher Ernährung kein Mangel	HEFE, EIGELB, LEBER, BOHNEN, CHAMPIGNONS, NÜSSE, HAFERFLOCKEN	30–60 μg
Folsäure/Folat	Hitze-, licht-, sauerstoffempfindlich, hydrophil	Beteiligt an Zellteilung/-reifung, Muskelwachstum	Neuralrohrdefekt, Blutarmut, Hautveränderungen	ROTALGENPULVER, BROKKOLI, INNEREIEN, BLATTGEMÜSE, GETREIDE, HÜLSENFRÜCHTE	400 μg Folat
Vitamin B$_{12}$ (Cobalamin)	Hydrophil	Beteiligt an Eiweißstoffwechsel, Nervensystem, Bildung roter Blutkörperchen und der Regeneration von Schleimhäuten	Blutbildveränderungen, Nervenfunktionsstörungen, Veränderungen des Rückenmarks, was zu Lähmungen führen kann	INNEREIEN, FLEISCH, HERING, ALGEN, KÜRBIS	3 μg
Vitamin C (Ascorbinsäure)	Sauerstoff-, lager- bzw. trockenempfindlich, hydrophil	Entzündungshemmend, Radikalfänger, Stärkung des Immunsystems, Zell- und Eisenstoffwechsel	Skorbut, verschlechterte Wundheilung, Kopfschmerzen, Zahnfleischbluten	ACEROLA, HAGEBUTTEN, SANDDORNBEERE, GUAVE, PAPAYA, ZITRUSFRÜCHTE, PAPRIKA, BRENNNESSEL, BROKKOLI, KARTOFFELN	100 mg
Vitamin D (Calciferol/Cholecalciferol)	Lichtempfindlich, lipophil	Beteiligt an der Calcium- sowie Phosphatverwertung, dem Aufbau und Erhalt von Knochen, Muskeln und Immunsystem	Knochenverkrümmung bzw. -erweichung und Muskelschwäche, Osteomalzie, Rachitis	LEBERTRAN, GETROCKNETE PILZE, HERING, LACHS, MILCH, AVOCADO, SONNENLICHT (HAUTPRODUKTION)	20 μg
Vitamin E (Tocopherol)	Lager-, hitze- und frostempfindlich, lipophil	Antioxidative Wirkung, beteiligt an der Eiweißverwertung und Stärkung des Immunsystems	(Selten) Muskelschwäche und Fertilitätsschwierigkeiten	ÖLE, NÜSSE, PAPRIKAPULVER	12–15 mg
Vitamin K (Phyllochinone)	Lichtempfindlich, lipophil	Beteiligt an Bildung von Blutgerinnungsfaktoren und Knochenproteinen	Blutgerinnungsstörungen, Blutungsneigung	SAUERAMPFER, KRESSE, LÖWENZAHN, MILCH, EIER, FLEISCH, GETREIDE	65–80 μg

PROTEINE

Man hat viel davon gehört. Von gutem Eiweiß, von schlechtem Eiweiß und davon, dass genau diese Kategorien Unsinn sind. Glaubt man den neuesten Eiweißdrink-Vermarktungsstrategien, sind diese Kategorien sowieso schon veraltet. Premium-Protein – unser neues, verbessertes, gutes Eiweiß. Was genau an Proteinen „premium" sein soll, ist mir bis heute ein Rätsel. Kommen wir also auf den ernährungswissenschaftlichen Punkt: Ganz grundsätzlich sind Proteine Eiweiße, die aus mindestens hundert Aminosäureketten bestehen. Da unser Körper aber nicht alle Aminosäuren selbstständig bilden und zu Proteinen verbinden kann, ist er darauf angewiesen, dass wir ihm die fehlenden Aminosäuren (Isoleucin, Leucin, Lysin, Methionin, Phenylalanin, Threonin, Tryptophan, Valin) zuführen. Dazu müssen wir unsere Lebensmittel gar nicht erst angestrengt kombinieren, denn nahezu jedes eiweißreiche Nahrungsmittel führt die essenziellen Aminosäuren ohnehin mit sich.

Die Proteine, die wir mit unseren Lebensmitteln aufnehmen, sind für uns von unterschiedlichem Wert. Ein Protein ist umso wertvoller für uns, je ähnlicher sein Aminosäuremuster dem des Menschen ist. So muss nicht so viel Umbauarbeit geleistet werden. So weit, so logisch.

Wofür aber braucht der Körper Proteine? Proteine sind die Legosteine des Körpers. Alles Mögliche kann er daraus bauen, zum Beispiel Hämoglobin, Magensäure, Enzyme, Hormone, Antikörper oder auch Muskeln (körperliche Betätigung und andere Nährstoffe natürlich vorausgesetzt!). Die Faustregel für eine ausreichende Eiweißzufuhr lautet: ca. 0,8 g Eiweiß pro Kilogramm Körpergewicht.

Verweigern wir unserem Körper dagegen die ausreichende Eiweißzufuhr, kann es zu folgenden Mangelerscheinungen kommen:

- Haarausfall
- Muskelschwäche
- Wachstumsstörungen
- Eiweißmangelkrankheiten, die im Extremfall sogar zum Tod führen können

Ausreichend Eiweiß finden Sie zum Beispiel in Eiern, Fisch, Fleisch, Tofu, Milch, Käse, Linsen, Nüssen, Getreide (Amaranth, Hafer) und Gemüse (Erbsen, Bohnen).

\
ÜBRIGENS:
Auch wenn Proteine den Muskelaufbau begünstigen, steigt der eigentliche Eiweißbedarf bei körperlicher Aktivität nicht – zumindest nicht bei Ausdauersportlern.
/

MINERALSTOFFE

Ein Stoff, der nicht eigenständig vom Körper produziert, aber dringend gebraucht wird? Klingt bekannt. Und tatsächlich sind Mineralstoffe, wie Vitamine, an vielen Abläufen des Körpers beteiligt, ohne selbstständig vom Körper produziert zu werden. Die verschiedenen Mineralstoffe begünstigen unter anderem Stoffwechselvorgänge, sind für einen ausgewogenen Wasser- und Elektrolythaushalt entscheidend und unterstützen sogar das Nervensystem. Wenn ein Mineralstoff zu mehr als 50 mg pro Kilogramm im menschlichen Körper vorkommt, wird er als Mengenelement/Makroelement bezeichnet. Mineralstoffe, die zu weniger als 50 mg je Kilogramm Körpergewicht vertreten sind, werden als Spurenelement bezeichnet.

Mineralstoff	Funktion	Mangel-erscheinungen	wichtige Nahrungsquellen	Zufuhrempfehlung pro Tag für Erwachsene
MENGENELEMENTE				
Calcium	*Bestandteil von Knochen und Zähnen, begünstigt Blutgerinnung, Muskelkontraktion*	Osteoporose, Rachitis, Muskelschwäche, Krämpfe	**MILCHPRODUKTE, BROT, KRESSE, KERBEL, MOHN, BASILIKUM**	1 g
Kalium	*Unterstützt die Regulierung des Wasserhaushalts sowie die Verwertung von Kohlenhydraten und Proteinen*	Muskelschwäche, Herzprobleme, Verstopfung, Schwindel, Kopfschmerzen, Müdigkeit	**OBST, GEMÜSE, KARTOFFELN, HÜLSENFRÜCHTE, SPINAT, CHAMPIGNONS, SCHWARZER TEE**	2 g (Mindestbedarf)
Magnesium	*Erregungsübertragung der Muskulatur, Einfluss auf Blutgerinnung, Bestandteil von Enzymen, Knochen und Zähnen*	Krämpfe, Konzentrationsschwäche, Nervosität (Mangel nur bei sehr einseitiger Ernährung und hohem Alkoholkonsum)	**FLEISCH, VOLLKORN-GETREIDE, MILCH UND MILCHPRODUKTE, HÜLSENFRÜCHTE**	350–400 mg
Natrium und Chlorid	*Aufnahme und Transport von Nährstoffen, Regulation des Wasserhaushaltes*	Niedriger Blutdruck, Muskelkrämpfe (äußerst selten)	**SALZ, FERTIGPRODUKTE, SCHINKEN, SALZGEBÄCK, WÜRZMITTEL, BROT**	5 g NaCl (Richtwert)
Phosphor	*Knochenbestandteil, Zellbaustein, beteiligt am Energiestoffwechsel*	Tritt in unseren Breiten nicht auf; Überversorgung stört Calciumstoffwechsel	**BROT, MILCH, FLEISCH, EIER, KARTOFFELN, ZUSATZSTOFFE IN LEBENSMITTELN**	700 mg

MINERALSTOFFE

Mineralstoff	Funktion	Mangel-erscheinungen	wichtige Nahrungsquellen	Zufuhrempfehlung pro Tag für Erwachsene
SPURENELEMENTE				
Chrom	Unterstützt den Kohlen-hydratstoffwechsel, die Senkung des Blutzuckerspiegels sowie die Produktion körpereigener Eiweiße	Gewichtsverlust, verminderte Glukosetoleranz	LEBER, BIERHEFE, WEIZENKEIME, VOLLKORNPRODUKTE	ca. 30–100 μg
Eisen	Sauerstofftransport, Blutbildung sowie Immunabwehr	Blutarmut, Müdigkeit, Schwäche, Blässe, Kopfschmerzen	LEBER, FLEISCH, VOLLKORNPRODUKTE, GEMÜSE (MANGOLD, KOHL, SPINAT, SCHWARZWURZEL), THYMIAN, KARDAMOM	10–15 mg
Fluorid	Festigt Knochenstruktur, härtet Zahnschmelz, beugt Karies vor	Zahnschäden	MIT GRÄTEN VERZEHRTER MEERESFISCH, SCHWARZER TEE, GRÜNER TEE, RHABARBER, WALNÜSSE	3,1–3,8 mg (Richtwert)
Jod	Bestandteil der Schilddrüsenhormone, Energiestoffwechsel	Schilddrüsenunterfunktion, Müdigkeit, Gewichtsschwankungen, Konzentrationsstörungen	MEERSALZ, JODIERTES SPEISESALZ, MEERESFISCH	ca. 180–200 μg
Kupfer	Unterstützt das Nervensystem, die Blutbildung	Sehr selten	PORTWEIN, LEBER, CASHEWNÜSSE, PILZE, FISCH, SCHALENTIERE, GRÜNE GEMÜSE	1–1,5 mg
Mangan	Bestandteil vieler Enzyme, enzymatischer Reaktionen, Aufbau und Erhalt von Knochen und Bindegewebe	Äußerst selten	TEE (SCHWARZ, GRÜN), VOLLKORNGETREIDE, BROMBEEREN, NÜSSE, GRÜNES GEMÜSE	2–5 mg (Schätzwert)
Molybdän	Begünstigt Kohlenhydrat-, Fett- und Eisenstoffwechselvorgänge	Bislang nur unter künstlicher Ernährung beobachtet	MILCH, VOLLKORNPRODUKTE, KNOBLAUCH, INNEREIEN	50–100 μg (Schätzwert)
Selen	Bindung von freien Radikalen, Stärkung der Immunabwehr, unterstützt Stoffwechselvorgänge	Tritt sehr selten auf	FISCH, EIER, NÜSSE, LEBER, MUSKELFLEISCH, GETREIDEPRODUKTE	30–70 μg (Schätzwert)
Silicium	Begünstigt den Erhalt von Knorpeln, Knochen, Haaren, Nägeln	Alterungserscheinungen	TOMATEN, GURKEN, PETERSILIE, GRÜNE BOHNEN, KIESELERDE	30–70 μg
Zink	Begünstigt den Aufbau von Kohlenhydraten, Fetten, Eiweißen und unterstützt das Immunsystem sowie die Wirkung verschiedener Hormone	Appetitlosigkeit, Haar-, Haut-, Nagelschäden, Infektanfälligkeit	FLEISCH, FISCH, SCHALENTIERE, VOLLKORNPRODUKTE, MOHN	7–10 mg

KOHLENHYDRATE

Kohlenhydrate liefern dem Körper vor allem eins: Energie! Logisch, nennt man Kohlenhydrate ja umgangssprachlich auch Zucker. Grund genug für einige Size-Zero-Diäten-Gurus die als Dickmacher verschrienen Kohlenhydrate auf die schwarze Liste zu setzen. Dabei sind Kohlenhydrate überaus wichtig, wenn es um funktionierende Gehirnleistungen, Zellaktivität und hart arbeitende Muskeln geht. Es kommt eben wie immer auf das Maß an, schließlich muss unser Körper den Zucker auch irgendwie verwerten können.

Dafür muss man einen Blick ins Innere unseres Körpers werfen. Dort werden die Unmengen an Kohlenhydraten, die wir tagtäglich zu uns nehmen, zunächst zu Glukose (einem Einfachzucker) abgebaut. Ist das geschafft, wird die Glukose über unsere Blutbahnen dorthin gebracht, wo Energie gerade dringend benötigt wird. Wurde zu viel Glukose abgebaut, wandeln Muskeln und Leber diese zu Glykogen, die Speicherform der Glukose, um. Sind aber alle Glykogenspeicher schon ausgereizt, werden überschüssige Kohlenhydrate in Fett umgewandelt. Die Konsequenz: Wir nehmen zu. Zucker macht also nur dick, wenn wir es mit der Kohlenhydratzufuhr übertreiben.

/

HEISSHUNGER?

Je ähnlicher die Kohlenhydrate dem Einfachzucker sind, desto schneller wird deren Energie dem Körper zur Verfügung gestellt, aber auch leider wieder verwertet und abgebaut. Wir bekommen plötzliche Heißhungerattacken. Deshalb hilft Traubenzucker mit seiner Glukose zum Beispiel nur kurz der Konzentration, während die Wirkung der Fruktose im Obst schon etwas länger anhält.

\

Welche Kohlenhydrate gibt es eigentlich?

Einfachzucker (Monosaccharide)

Einfachzucker bestehen genialerweise aus nur einem Zuckermolekül und sind somit die, nun ja, einfachste Zuckerform. Zu den Monosacchariden zählen Fruchtzucker (Fruktose), Schleimzucker (Galaktose) und Traubenzucker (Glukose).

Lebensmittel: Honig, Marmelade, Obst und natürlich alles Süße (Kuchen, Kekse, Gummibärchen und Co.)

Zweifachzucker (Disaccharide)

Ein Einfachzucker und noch ein Einfachzucker bilden ein Disaccharid oder einen Zweifachzucker. Zu den Disacchariden zählen unter anderem Milchzucker (Laktose) und der haushaltsübliche Rohr- bzw. Rübenzucker (Saccharose). Unser Körper kann sie besonders schnell in Glukose umwandeln und verwerten, weil sie aus eben nur zwei Einfachzuckermolekülen bestehen. So gelangen sie durch das Blut umgehend an ihren Bestimmungsort und stellen den Zellen dort ihre Energie zur Verfügung. Was gleichzeitig den Blutzuckerspiegel innerhalb kürzester Zeit ansteigen lässt.

Lebensmittel: Schokolade, Limonade

Oligosaccharide

Oligosaccharide, wie zum Beispiel Raffinose, Stachyose und Verbascose, bestehen aus drei bis neun Monosacchariden. Sie sind weniger leicht verdaulich als Einfach- bzw. Zweifachzucker und erhöhen daher den Blutzuckerspiegel eher langsam.

Lebensmittel: Hülsenfrüchte (Erbsen, Bohnen)

Mehrfachzucker (Polysaccharide)

Polysaccharide wie Stärke, Dextrine, Glykogen und Ballaststoffe bestehen aus mindestens zehn Einfachzuckermolekülen. Aufgrund ihrer Nährstoffkomplexität lassen Mehrfachzucker den Blutzuckerspiegel nach dem Essen langsamer ansteigen.

Lebensmittel: Getreide, Vollkornprodukte, Kartoffeln, Hülsenfrüchte

\
ÜBRIGENS:
Sie haben sich immer gefragt, warum Bohnen so wirken, wie sie wirken? Die verzehrtypischen Blähungen werden durch den Verdauungsprozess der Stachyose und Verbascose im Dickdarm ausgelöst.
/

\
ÜBRIGENS:
Sie möchten gesund abnehmen oder Ihr Gewicht halten? Ballaststoffreiche Lebensmittel enthalten kaum Fett, lassen den Blutzuckerspiegel langsamer ansteigen, verhindern Heißhungerattacken und senken den Cholesterinspiegel.
/

BALLASTSTOFFE

Zugegeben, Ballaststoff klingt jetzt nicht unbedingt positiv. Irgendwie nach Ballast eben. Aber lassen Sie sich nicht täuschen: Ballaststoffe können weit mehr, als ihr Name vermuten lässt!

Zuerst einmal sind Ballaststoffe unverdauliche Nahrungsbestandteile, die dem Körper weder Energie noch Nährstoffe zuführen. Deshalb glaubte man lange Zeit auch, Ballaststoffe seien für den Körper unnötig. Inzwischen weiß man jedoch, dass Ballaststoffe zwar nicht unbedingt Leben retten, aber zumindest ihren Teil zu einem gesunden Körper beitragen. Sie sättigen besonders nachhaltig, sorgen für eine gesunde Darmflora sowie Verdauung und sollen sogar Darmkrebs vorbeugen.

Je nach Wirkungsweise werden Ballaststoffe in zwei Gruppen unterteilt: lösliche und unlösliche Ballaststoffe. Lösliche Ballaststoffe stecken meist in Hülsenfrüchten und Getreide. Sie binden Flüssigkeit, quellen auf und vergrößern dadurch ihr Volumen. Das signalisiert dem Körper ein längeres Sättigungsgefühl.

Die andere Gruppe, die der unlöslichen Ballaststoffe, finden wir vor allem in Obst und Gemüse. Im Gegensatz zu den löslichen Ballaststoffen nehmen sie kaum Wasser auf, werden aber auch nicht von Bakterien abgebaut, was im Endeffekt die Verdauung beschleunigt.

In Zeiten florierender Biomärkte und einer immer größer werdenden Vegan-Community scheint es nur eine Gewissheit zu geben: Zusatzstoffe sind schlecht. Basta! Dabei werden auch in Bioprodukten zahlreiche Zusatzstoffe verwendet. So einfach ist die Sache also nicht, denn es gibt durchaus nützliche und unbedenkliche Zusatzstoffe. Ich empfehle Ihnen, immer einen genauen Blick auf das Etikett zu werfen!

Der Zusatz ‚qs‘, den man bei vielen Zusatzstoffen findet, bedeutet so viel wie ‚ausreichende Menge‘ (quantum satis). Das heißt, dass die Hersteller so viel von einem Zusatzstoff verwenden dürfen, wie für die gewünschte Wirkung notwendig ist. Der Zusatz GVO steht für Zusatzstoffe, bei denen der Einsatz von gentechnisch veränderten Organismen zugelassen ist.

ANTIOXIDANZIEN

Ob Sie nun Stress haben, entspannt sonnenbaden oder einfach nur atmen: Ständig laufen in unserem Körper Vorgänge ab, die wir Oxidation nennen. Was an sich nicht schlimm wäre, würden dabei nicht freie Radikale entstehen, die unseren Körper angreifen, Zellen schädigen und Krebs verursachen können. Um unseren Körper davor zu schützen, sollten wir daher zu Nahrungsmitteln greifen, die den natürlichen Widersacher der freien Radikalen – Antioxidanzien – in sich tragen. Antioxidanzien sind chemische Verbindungen, die Oxidation verhindern, freie Radikale erkennen und abbauen.

Einen Überblick über die wichtigsten Antioxidanzien und deren Vorkommen gibt Ihnen folgende Tabelle.

Ein Milch-Beeren-Smoothie oder mit Käse überbackenes Gemüse klingt zwar lecker, ist aber auf antioxidativer Ebene eine glatte Null. Denn Milch und Milchprodukte hindern Antioxidanzien daran, ihre Arbeit zu verrichten. Deshalb empfiehlt es sich, antioxidative Lebensmittel nicht gemeinsam mit Milchprodukten zu konsumieren.

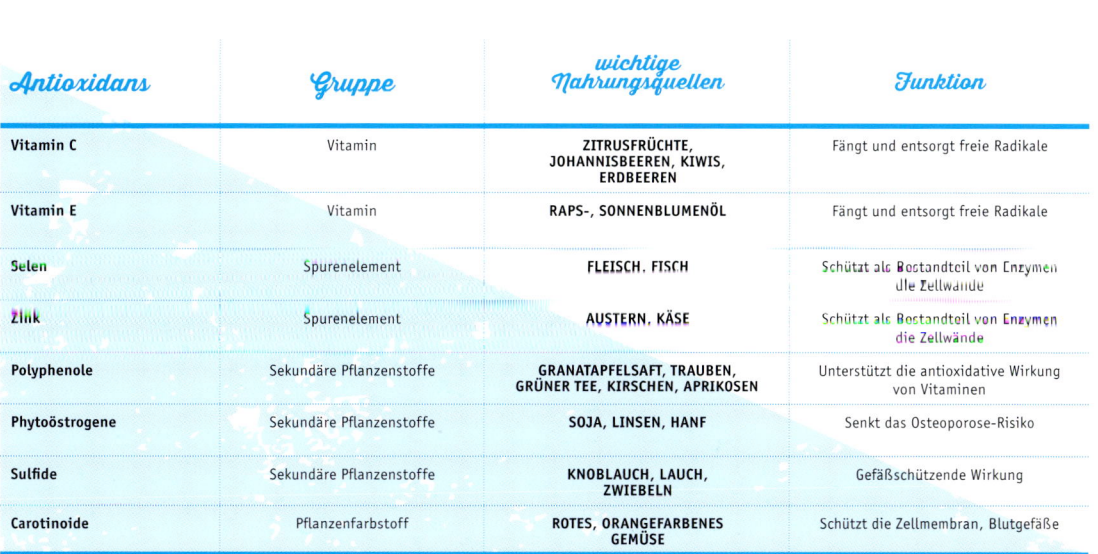

Antioxidans	Gruppe	wichtige Nahrungsquellen	Funktion
Vitamin C	Vitamin	ZITRUSFRÜCHTE, JOHANNISBEEREN, KIWIS, ERDBEEREN	Fängt und entsorgt freie Radikale
Vitamin E	Vitamin	RAPS-, SONNENBLUMENÖL	Fängt und entsorgt freie Radikale
Selen	Spurenelement	FLEISCH, FISCH	Schützt als Bestandteil von Enzymen die Zellwände
Zink	Spurenelement	AUSTERN, KÄSE	Schützt als Bestandteil von Enzymen die Zellwände
Polyphenole	Sekundäre Pflanzenstoffe	GRANATAPFELSAFT, TRAUBEN, GRÜNER TEE, KIRSCHEN, APRIKOSEN	Unterstützt die antioxidative Wirkung von Vitaminen
Phytoöstrogene	Sekundäre Pflanzenstoffe	SOJA, LINSEN, HANF	Senkt das Osteoporose-Risiko
Sulfide	Sekundäre Pflanzenstoffe	KNOBLAUCH, LAUCH, ZWIEBELN	Gefäßschützende Wirkung
Carotinoide	Pflanzenfarbstoff	ROTES, ORANGEFARBENES GEMÜSE	Schützt die Zellmembran, Blutgefäße

Einkaufszettel – WAS DRAUF MUSS!

Wenn es Ihnen so geht wie mir und Sie Abwechslung auf dem Speiseplan lieben und sich gerne von der Auswahl live vor Ort inspirieren lassen, dann kann man schnell mal die Übersicht vor den Obst- und Gemüseregalen verlieren.

AUS DEM FROSTER

Gefrorenes Obst und Gemüse kann nur schlechter sein als frisches? Nicht wirklich. Wenn Sie das frisch geerntete Gemüse tagelang in der Sonne liegen lassen und kurz vor dem Verfall schnell in den Froster schieben, sind wahrscheinlich auch die hartnäckigsten Nährstoffe in der Sonne verbrannt oder an Altersschwäche gestorben. Bereits eingefrorenes Obst/Gemüse oder Kräuter, die Sie im Handel finden, sind dagegen meist direkt nach der Ernte schockgefrostet worden. Auf diese Art bleiben die Nährstoffe oft besser erhalten, als wenn Sie dieselben importierten Früchte frisch im Supermarkt kaufen würden, die durch die lange Reise einiges an Nährstoffen verloren haben oder zu früh geerntet wurden, damit sie reif im Verkaufsland ankommen. Allein deshalb empfiehlt es sich schon, saisonale Produkte zu kaufen.

ÜBRIGENS:
Die Flüssigkeit, die sich beim Auftauen von Obst und Gemüse bildet, sollten Sie auf keinen Fall einfach in den Abfluss schütten! Gerade darin befinden sich unglaublich viele wasserlösliche Nährstoffe. Sie können sie also hervorragend statt normalem Wasser in Ihren Getränken verwenden.

OBST, GEMÜSE, SALATE UND KRÄUTER

	Januar	Februar	März	April	Mai	Juni	Juli	August	September	Oktober	November	Dezember
Ananas												
Apfel	Inland	Inland	Inland	Inland	Inland	Inland	Inland					
Avocado												
Aprikose						Inland	Inland	Inland				
Baldrian	Inland								Inland	Inland	Inland	Inland
Banane												
Basilikum					Inland	Inland	Inland	Inland				
Birne	Inland	Inland	Inland						Inland	Inland	Inland	Inland
Blattspinat				Inland	Inland	Inland	Inland					
Blaubeere						Inland	Inland	Inland	Inland	Inland		
Brennnessel						Inland	Inland	Inland	Inland			
Brombeere						Inland	Inland	Inland	Inland			
Cantaloupe-Melone												
Chili												
Chinakohl						Inland	Inland	Inland	Inland	Inland	Inland	Inland
Erdbeere				Inland	Inland	Inland	Inland	Inland				
Fenchel								Inland	Inland	Inland	Inland	
Frauenmantel					Inland	Inland	Inland	Inland				
Galgant												
Granatapfel												
Guave												
Himbeere					Inland	Inland	Inland	Inland	Inland			
Hokkaido-Kürbis	Inland								Inland	Inland	Inland	Inland
Honigmelone												
Ingwer												
Johannisbeere						Inland	Inland	Inland	Inland			
Kalamansi												
Kardamom										Inland	Inland	Inland
Karotte						Inland	Inland	Inland	Inland			
Kiwi												
Koriander					Inland	Inland	Inland	Inland				
Kreuzkümmel						Inland	Inland	Inland	Inland	Inland		
Limette												
Löwenzahn				Inland	Inland	Inland	Inland	Inland	Inland	Inland		
Mandarine												
Mandeln												
Mango												
Maracuja												
Minze					Inland	Inland	Inland	Inland	Inland			
Nektarine							Inland	Inland	Inland			
Orange												
Papaya												
Paranuss												
Petersilie								Inland	Inland	Inland		
Pfirsich						Inland	Inland	Inland				
Pink Grapefruit												
Preiselbeere						Inland	Inland	Inland	Inland	Inland	Inland	
Rhabarber				Inland	Inland	Inland	Inland					
Rosmarin						Inland	Inland	Inland	Inland			
Rote Bete	Inland	Inland	Inland	Inland	Inland	Inland	Inland	Inland	Inland	Inland	Inland	Inland
Rotkohl	Inland	Inland	Inland			Inland	Inland	Inland	Inland	Inland	Inland	Inland
Rucola				Inland	Inland	Inland	Inland	Inland				
Salatgurke							Inland	Inland	Inland	Inland		
Salbei						Inland	Inland	Inland	Inland			
Stangensellerie							Inland	Inland	Inland	Inland		
Süßkartoffel												
Thai-Basilikum												
Thymian					Inland	Inland	Inland	Inland	Inland			
Tomate							Inland	Inland	Inland	Inland		
Traube, rot									Inland	Inland		
Waldmeister					Inland	Inland						
Wassermelone												
Zitrone												
Zitronenmelisse				Inland	Inland	Inland	Inland	Inland	Inland	Inland		

NÜSSE UND SAMEN

Nüsse galten ewig wegen ihres hohen Fettgehalts als pure Energielieferanten. Doch das ist längst nicht alles, was die knackigen Dinger vorweisen können. Sie enthalten reichlich Vitamine und andere Nährstoffe, außerdem ist ihr Fettsäuremuster mehr als günstig.

Nüsse und Samen	Inhaltsstoffe	Funktion
Haferflocken	Vitamin B_1, Vitamin B_6, Biotin, Vitamin E, Vitamin K, Kalium, Phosphor, Eisen, Kupfer, Mangan, Zink, essenzielle Aminosäuren	Entgiftend, verdauungsfördernd, magenschonend, blutzuckerregulierend
Haselnuss	Vitamin B_1, Riboflavin, Pantothensäure, Vitamin B_6, Biotin, Vitamin E, Vitamin K, Calcium, Kalium, Magnesium, Phosphor, Eisen, Kupfer, Zink, Fett, essenzielle Aminosäuren	Unterstützt das Herz-Kreislauf-System
Kürbiskerne, geröstet	Vitamin B_1, Riboflavin, Pantothensäure, Biotin, Vitamin E, Kalium, Phosphor, Eisen, Kupfer, Mangan, Zink, Fett, essenzielle Aminosäuren	Nieren- und blasenschützend, verdauungsfördernd
Mandeln	Vitamin B_1, Riboflavin, Niacin, Biotin, Folat, Vitamin E, Calcium, Kalium, Phosphor, Eisen, Kupfer, Mangan, Fett, essenzielle Aminosäuren	Cholesterinspiegelsenkend, stärkt Knochen, blutdrucksenkend
Paranuss	Vitamin B_1, Vitamin E, Calcium, Kalium, Magnesium, Phosphor, Eisen, Kupfer, Mangan, Fett, essenzielle Aminosäure	Entgiftend, unterstützt das Herz-Kreislauf-System, knochenstärkend
Sesam	Vitamin-B-Komplex, Vitamin E, Calcium, Kalium, Magnesium, Phosphor, Schwefel, Eisen, Kupfer, Mangan, Zink, Fett, essenzielle Aminosäuren	Antioxidative Wirkung, immunstärkend, unterstützt das Herz-Kreislauf-System
Sesam, geröstet	Vitamin B_1, Niacin, Pantothensäure, Vitamin B_6, Vitamin E, Vitamin K, Calcium, Kalium, Magnesium, Phosphor, Eisen, Kupfer, Mangan, Fett, essenzielle Aminosäuren	Stärkt Knochen und Zahnschmelz, Muskelaufbau, -steuerung
Walnuss	Vitamin B_1, Pantothensäure, Vitamin B_6, Biotin, Folat, Vitamin E, Calcium, Kalium, Magnesium, Phosphor, Eisen, Mangan, Fett, essenzielle Aminosäuren	Unterstützt das Herz-Kreislauf-System, cholesterinspiegelsenkend, stimmungshebend, schützt Haut und Haare

SÜSSUNGSMITTEL

Sind Süßungsmittel tatsächlich so schlecht wie ihr Ruf? Jain! Sicher muss nicht alles gesüßt werden, was in unserem Magen landet. Genauso sicher ist aber auch, dass nicht alle Süßungsmittel ungesund und schon gar nicht schädlich sind.

Was hat es also mit den Süßungsmitteln auf sich?

Süßungsmittel	Herkunft	Eigenschaften
Agavendicksaft	Pflanzlich (Agave)	Vegan, hoher Fruktoseanteil, gut löslich, sehr süß, je dunkler die Farbe des Sirups, desto stärker sein Eigengeschmack
Ahornsirup	Pflanzlich (Agave)	Vegan, hoher Fruktoseanteil, gut löslich, je dunkler die Farbe des Sirups, desto süßer und intensiver sein Eigengeschmack
Apfelsüße	Pflanzlich (Apfel)	Vegan, hoher Fruktoseanteil, gut löslich, neutraler Eigengeschmack
Birnendicksaft	Pflanzlich (Birnen/selten Äpfel)	Vegan, hoher Fruktoseanteil, dickflüssig, starker Eigengeschmack
Honig	Tierisch	Leicht entzündungshemmend, hoher Fruktoseanteil, Eigengeschmack und Süße variieren stark nach Honigsorte und Jahreszeit
Rohrzuckermelasse	Pflanzlich (Zuckerrohr/Zuckerrüben/Zuckerhirse)	Vegan, dickflüssig, ausgeprägter Eigengeschmack (Lakritz)
Stevia	Pflanzlich (Süßkraut)	Vegan, leicht blutdrucksenkend, für Diabetiker geeignet, sehr süß, leicht löslich, in unbearbeiteter Form starker Eigengeschmack (Lakritz)
Vollrohrzucker	Pflanzlich (Zuckerrohr)	Vegan, starker Eigengeschmack (Karamell/Lakritz)

bring

me down

Mint Cooler

MINT COOLER

Standmixer
Sieb

Für 1 Portion

50 ml Apfelsaft (Direktsaft)
1 Kiwi
1 Prise Zimt
Apfelsüße
3 Minzzweige
Crushed Ice
Ginger Beer
Rum (optional)

(**1**) Apfelsaft, Kiwi und Zimt im Standmixer gründlich pürieren.

(**2**) Flüssigkeit durch ein Sieb streichen und in ein Glas füllen.

(**3**) Apfelsüße und Minze dazugeben und verrühren.

(**4**) Mit Crushed Ice und Ginger Beer auffüllen.

Mit einem Schuss Rum verfeinert,
ist der Mint Cooler der perfekte Ausklang
für einen lauen Sommerabend!

Variante
— TIPP —

VALERIAN WATER

Karaffe

Für 4 Portionen

1 Zitrone
1 Handvoll frische Baldrianblüten
700 ml Wasser

(**1**) Zitrone in dünne Scheiben schneiden.

(**2**) Blüten zusammen mit den Zitronenscheiben in eine Karaffe geben
und mit Wasser übergießen.

(**3**) Für 2 Stunden in den Kühlschrank stellen.

Die Baldrianblüten sammeln Sie am besten von Mai bis August. Baldrian ist eine Feuchtboden-
pflanze, die auf nassen Wiesen, an Flussufern, Gräben und in feuchten Wäldern wächst. Die
Blüten in einer dünnen Schicht am besten auf einem Leinentuch zum Trocknen auslegen. Wenn
es keine frischen Baldrianblüten mehr gibt, nehmen Sie einen Tee aus Baldrianwurzeln.

Baldrian
— TIPP —

Valerian Water

CALM DOWN

WaKiSa-Eis

ODER MAL MIT DEM HIER!

WaKiSa-EIS
(WASSERMELONEN-KIWI-SALBEI)

große Eiswürfelform
oder Eis-am-Stiel-Form,
Lollie- oder Eisstiele

Für 10 Portionen

½ l Wassermelonen-Kiwi-Salbei-Wasser
(⌁⟶ S. 82)
Zitronensaft
Agavendicksaft (optional)
1 Kiwi
1 kleines Stück Wassermelone

(**1**) Wassermelonen-Kiwi-Salbei-Wasser nach Geschmack mit
Zitronensaft und Agavendicksaft abschmecken.

(**2**) Kiwi und Melone in kleine Stücke schneiden und in die Eiswürfelform geben.

(**3**) Eiswürfelform zu zwei Dritteln mit Wassermelonen-Kiwi-Salbei-
Wasser füllen, einen Stiel hineinstecken und über Nacht in den
Gefrierschrank stellen.

Die Reste des Wassers einfach
austrinken oder einfrieren. Und
probieren Sie auch mal Basilikum oder
sommerliche Beeren im Eis.

Variante
— TIPP —

HAUSGEMACHTE KOMBUCHA
MIT GRÜNEM ODER SCHWARZEM TEE

Topf
Sieb
Gärgefäß mit großer Öffnung (Glas)
Tuch
Gummiring
Flaschen

Für 5 Portionen

1 l Wasser
8–10 g grüner oder schwarzer Tee
80–90 g Rohrzucker
Kombuchapilz mit mind.
    100 ml Ansatzflüssigkeit

(**1**) Wasser im Topf zum Kochen bringen, Tee hineingeben und 10–15 Minuten ziehen lassen, anschließend durch ein Sieb abgießen.

(**2**) Den Rohrzucker in den noch warmen Tee geben und unter Rühren komplett auflösen, dann auf Zimmertemperatur abkühlen lassen.

(**3**) Kombuchapilz mit der Ansatzflüssigkeit in ein großes Glasgefäß geben, den Tee daraufgießen und mit einem Tuch und Gummiring verschließen.

(**4**) Das Gärgefäß an einen ruhigen, dunklen und warmen Platz (20 °C) stellen. Die Flüssigkeit muss 6–14 Tage stehen. Dabei gilt: Je wärmer die Umgebungstemperatur, desto schneller ist die Gärung abgeschlossen.

(**5**) Die fertige Kombucha in Flaschen abfüllen und kalt stellen.

(**6**) Von der fertigen Kombuchaflüssigkeit mindestens 10–15 % aufbewahren und als Ansatzflüssigkeit für die nächste Kombuchakultur verwenden.

FRUCHT-KOMBUCHA

Glasgefäß

Für 2 Portionen

5 Erdbeeren
500 ml Kombuchagetränk
    (⟵ siehe links)
1 Handvoll Blaubeeren
1 Handvoll Himbeeren
6 dünne Ingwerscheiben

(**1**) Erdbeeren vierteln.

(**2**) Alle Zutaten in ein Glasgefäß geben und 2 Tage ruhen lassen.

(**3**) Kalt servieren.

Tipp

Je länger Sie den Kombuchapilz ziehen lassen, desto ausgeprägter ist sein typisch saures Aroma. Sie sollten den Kombuchapilz nach jedem Gebrauch unter fließend kaltem Wasser abwaschen, ehe Sie ihn wieder in die Ansatzflüssigkeit geben. Ein Kombuchapilz ist bei richtiger Pflege und Handhabung ein Leben lang haltbar.

Frucht-Kombucha

FRAUEN-VERSTEHER

Topf
Feinsieb
Standmixer

Für 2 Portionen

200–300 ml Wasser
2 TL Frauenmanteltee
Saft von 1 Limette
¼ Ananas
1 Handvoll Preiselbeeren
1 Handvoll Himbeeren
30 ml Agavendicksaft

(**1**) Wasser im Topf zum Kochen bringen, den Tee damit aufgießen, 10 Minuten ziehen lassen, durch ein Sieb abgießen und abkühlen lassen.

(**2**) Ananas schälen, den Mittelstrunk entfernen und grob zerkleinern.

(**3**) Alle Zutaten mit 200 ml Tee im Standmixer gründlich pürieren.

Frauen-versteher

Johann von Baldrian

HOT BUTTERED RUM

Für die Gewürzbutter

250 g Butter
5–6 Nelken
4–5 Pimentkörner
½ TL Sternanis

Für 1 Portion

120 ml Apfelsaft (Direktsaft)
2 cm Gewürzbutter
50 ml kräftiger Rum

(**1**) Butter im Topf zerlassen.

(**2**) Nelken, Piment und Sternanis in die zerlassene Butter geben.

(**3**) Unter ständigem Rühren die Butter erkalten und über Nacht ruhen lassen.

(**4**) Am nächsten Tag die Gewürzbutter in einem Topf vorsichtig erwärmen, anschließend die Feststoffe filtern.

(**5**) Butter wieder erkalten lassen und kühl lagern.

(**6**) Apfelsaft mit dem großen Gewürzbutterwürfel erhitzen.

(**7**) Rum und das heiße Apfelsaft-Butter-Gemisch in ein hitzebeständiges Gefäß umfüllen.

(**8**) Heiß servieren.

JOHANN VON BALDRIAN

Standmixer
Feinsieb

Für 2 Portionen

2 Äpfel
1 Handvoll Johannisbeeren
1 Handvoll Brunnenkresse
1 ½ TL Honig
200 ml Valerian Water
(⸺⟶ S. 26, oder kalter Baldriantee)

(**1**) Obst und Kräuter grob zerkleinern.

(**2**) Alle Zutaten im Standmixer gründlich pürieren.

(**3**) Den Smoothie durch ein Sieb streichen.

Apfelkern TIPP

Apfelkerne enthalten viele Proteine, Ballaststoffe sowie Biotin und sind weitestgehend geschmacksneutral. Deshalb: Pürieren Sie die Kerne doch einfach mal mit!

SUPPEN-
KASPERL

Pfanne
Standmixer
Sieb
Topf

Für 2 Portionen

600 g Hokkaido
1 Birne
1 Chilischote
Saft von ½ Zitrone
1 EL geröstete Kürbiskerne
200 ml Kefir (·····⟩ S. 49)
Salz und schwarzer Pfeffer

(**1**) Kürbis schälen und in 1–2 cm große Würfel schneiden.

(**2**) Kürbiswürfel in einer Pfanne ohne Fett anrösten.

(**3**) Alle Zutaten im Standmixer glatt pürieren. Optional die Masse noch durch ein Sieb streichen.

(**4**) Die Kürbissuppe in einen Topf geben und langsam erhitzen. Kurz köcheln lassen.

(**5**) Mit Pfeffer und Salz abschmecken.

Kürbis

FLOWER BOWLE
RELOADED

Topf
Sieb
Bowlenschüssel

Für 10 Portionen

1 l Wasser
5 TL Hibiskusblüten
5 TL Orangenblüten
200 ml süßer Wermut
1 Apfel
1 Orange
2 Handvoll Himbeeren
1 Flasche Schaumwein
100 ml Cointreau

(**1**) Wasser im Topf zum Kochen bringen, die Hibiskus- und Orangenblüten damit aufgießen und 10 Minuten ziehen lassen.

(**2**) Den Tee durch ein Sieb abgießen und abkühlen lassen.

(**3**) Früchte zerkleinern und mit Tee und Wermut in eine Bowlenschüssel geben. Für 3 Stunden im Kühlschrank kalt stellen.

(**4**) Bowle mit Schaumwein auffüllen und mit Cointreau abschmecken.

PRICKELND

Flower Bowle Reloaded

Lavendel-Shake

LAVENDEL-SHAKE

(**1**) Mandarinen schälen und grob klein schneiden.

(**2**) Alle Zutaten im Standmixer gründlich pürieren. Shake durch ein Sieb streichen.

Standmixer
Sieb

Für 2 Portionen

3 Mandarinen
250 ml Kefir (⤳ S. 49)
1 EL Lavendelblüten
1 TL Orangenabrieb
100 ml frisch gepresster
   Orangensaft

Variante
— TIPP —

Der Smoothie kann sowohl kalt als auch warm serviert werden.

GAUCHO-GLÜHWEIN

(**1**) Malbec mit Orangensaft, Rohrzucker, Piment, Nelken, Sternanis und Yerha-Mate-Blättern in einem Topf langsam erhitzen und vom Herd nehmen, ehe er zu köcheln beginnt.

(**2**) Je eine Orangenscheibe und eine Zimtstange in einen Becher geben.

(**3**) Den heißen Gaucho-Glühwein durch ein Sieb auf die Becher verteilen.

Topf
Sieb

Für 3 Portionen

500 ml Rotwein (Malbec)
Saft von 1 Orange
90 g Vollrohrzucker
4 Pimentkörner
4 Nelken
3 Sternanis
2 TL Yerba-Mate-Blätter
3 Orangenscheiben
3 Zimtstangen

Sie können auch eine fertige Kräutertee-Mischung nehmen.

Variante
— TIPP —

BLÜTEN-KOMBUCHA

Topf
Sieb
Gärgefäß mit großer Öffnung (Glas)
Tuch
Gummiring
Flaschen

Für 5 Portionen

1 l Wasser
3 g schwarzer Tee
2 g getrocknete Holunderblüten
2 g getrocknete Orangenblüten
2 g Hibiskusblüten
90 g Vollrohrzucker
Kombuchapilz
mind. 100 ml Ansatzflüssigkeit

(**1**) Wasser im Topf zum Kochen bringen, Tee und Blüten hineingeben und 10–15 Minuten ziehen lassen, anschließend durch ein Sieb abgießen.

(**2**) Rohrzucker in der noch warmen Flüssigkeit unter Rühren vollständig lösen, Tee anschließend abkühlen lassen.

(**3**) Kombuchapilz mit der Ansatzflüssigkeit in das Gärgefäß geben und mit dem Tee aufgießen.

(**4**) Gärgefäß mit einem Tuch und Gummiring abdecken und für 6–14 Tage an einem warmen Ort ruhen lassen.

(**5**) Blüten-Kombucha in Flaschen abgießen und kalt stellen.

KRÄUTER-KOMBUCHA

Topf
Sieb
Gärgefäß mit großer Öffnung (Glas)
Tuch
Gummiring
Flaschen

Für 5 Portionen

1 l Wasser
3 g grüner Tee
3 g getrocknete Verbeneblätter
3 g getrocknete Brennnesselblätter
2 g getrocknete Zitronenschale
90 g Rohrzucker
Kombuchapilz
mind. 100 ml Ansatzflüssigkeit

(**1**) Wasser im Topf zum Kochen bringen, Tee, Blüten und Zitronenschale hineingeben und 10–15 Minuten ziehen lassen, anschließend durch ein Sieb abgießen.

(**2**) Rohrzucker in der noch warmen Flüssigkeit unter Rühren vollständig lösen, Tee anschließend abkühlen lassen.

(**3**) Kombuchapilz mit der Ansatzflüssigkeit in das Gärgefäß geben und mit dem Tee aufgießen.

(**4**) Gärgefäß mit einem Tuch und Gummiring abdecken und für 6–14 Tage an einem warmen Ort ruhen lassen.

(**5**) Kräuter-Kombucha in Flaschen abgießen und kalt stellen.

frozen

cool 18

RIBBECKS HAVEL-LAND-CREME

Standmixer
Schüssel

Für 2 Portionen

2 Äpfel
2 Birnen
Saft von ½ Zitrone
250 ml Wasserkefir Rosine-
Orange (⤳ S. 84)
150 g Zucker
1 Prise Zimt

(**1**) Äpfel und Birnen schälen, entkernen und in grobe Stücke
schneiden.

(**2**) Alle Zutaten im Standmixer glatt pürieren.

(**3**) Die Creme in eine Schüssel geben, für 1 Stunde in den
Kühlschrank stellen und fest werden lassen.

APFEL-INGWER-WACHOLDER-SAFT

Standmixer
Sieb

Für 2 Portionen

3 cm Ingwer
6 Wacholderbeeren
500 ml Apfelsaft (Direktsaft)

(**1**) Den Ingwer schälen und mit den restlichen Zutaten im
Standmixer glatt pürieren.

(**2**) Flüssigkeit durch ein Sieb streichen und im
gekühlten Glas servieren.

Apfel-Ingwer-Wacholder-Saft

Berry Smash

SOMMER PUR →

BERRY SMASH

Standmixer
Sieb (optional)

Für 2 Portionen

8 Erdbeeren
1 Handvoll Himbeeren
5–6 Minzblätter
Saft von 1 Zitrone
300 ml Kefir (····> S. 49)
1 EL Agavendicksaft (optional)
1 Handvoll Crushed Ice

(**1**) Erdbeeren grob klein schneiden.

(**2**) Alle Zutaten im Standmixer gründlich pürieren. Optional den Shake durch ein Sieb streichen.

(**3**) Berry Smash im Standmixer mit Crushed Ice 5 Sekunden mixen.

Variante
— TIPP —

Sie können auch andere Kräuter wie Basilikum, Dill, Estragon, Kümmel usw. verwenden.

MARACUJA-BASILIKUM-SAFT

Standmixer
Sieb

Für 5 Portionen

500 ml Maracujanektar
100 ml Limettensaft
1 Handvoll Basilikumblätter
200 ml Zuckersirup

(**1**) Alle Zutaten im Standmixer glatt pürieren.

(**2**) Flüssigkeit durch ein Sieb streichen.

Hausgemachte Ingwerlimonade

HAUSGEMACHTE INGWER-LIMONADE

Topf
Ingwerreibe
Krug
Feinsieb

Für 4–5 Portionen

1 l Wasser
230 g Vollrohrzucker
130 g Ingwer
Schale von 1 Orange
Schale von 1 Zitrone
40 ml Limettensaft
Mineralwasser mit Kohlensäure
(alternativ still)

(**1**) Wasser mit Zucker in einem Topf zum Kochen bringen.

(**2**) Ingwer schälen, auf einer Ingwerreibe fein reiben, in das kochende Zuckerwasser geben und eine Minute kochen lassen.

(**3**) Die Zitrusschalen in dünne Streifen schneiden und mit dem Limettensaft in einen Krug geben. Mit der heißen Flüssigkeit übergießen.

(**4**) Den Ingwerlimonadenansatz bei Zimmertemperatur abkühlen lassen und mit einem sauberen Tuch abgedeckt an einem dunklen, kühlen Ort oder im Kühlschrank über Nacht ziehen lassen.

(**5**) Den Ansatz anschließend durch ein feines Sieb gießen.

(**6**) Vor dem Servieren zwei Teile Ingwerlimonadenansatz mit einem Teil Wasser mischen.

Ingwer

KRÄUTER-SHAKE

Standmixer
Sieb (optional)

Für 2 Portionen

Saft von 1 Zitrone
3–4 Basilikumblätter
1 Rosmarinzweig
6–7 Blätter glatte Petersilie
1 Msp. Zitronenschalenabrieb
Salz und Pfeffer (optional)
300 ml Kefir (⟶ S. 49)
1 Handvoll Crushed Ice

(**1**) Alle Zutaten im Standmixer glatt pürieren. Optional die Flüssigkeit durch ein Sieb streichen.

(**2**) Kräuterkefir mit Crushed Ice in den Standmixer geben und 5 Sekunden mixen.

Ruby Royal

RUBY ROYAL

Für 2 Portionen

200 ml Rhubarb-Sour-
Limonadenansatz (····⟩ S. 74)
Saft von ½ Zitrone (optional)
2 Handvoll Crushed Ice
400 ml Schaumwein

(**1**) Limonadenansatz, Zitronensaft und Eis in den Standmixer geben
und 10 Sekunden auf Stufe 1, anschließend 20 Sekunden auf
Stufe 2 mixen.

(**2**) Mit Schaumwein aufgießen.

Falls das Frappé noch zu flüssig sein
sollte, geben Sie noch etwas mehr
Crushed Ice hinzu und mixen das Ganze für
20 Sekunden auf Stufe 2 kräftig durch.

Tipp

MACCINO

Schüssel
Milchaufschäumer oder Schneebesen
Standmixer

Für 1 Portion

2 TL Matchapulver
200 ml Wasser
200 ml Soja- oder Reismilch
Crushed Ice

(**1**) Matchapulver mit maximal 80 °C heißem Wasser in einer Schüssel aufgießen und mit einem Milchaufschäumer schaumig rühren.

(**2**) Tee abkühlen lassen.

(**3**) Den Tee mit Sojamilch und Crushed Ice in den Standmixer geben, 10 Sekunden auf Stufe 1 und anschließend 20 Sekunden auf Stufe 2 mixen.

HAUSGEMACHTER KEFIR

verschließbares Glasgefäß
Kunststoffsieb
Kunststofflöffel

Für 5 Portionen

2 EL Kefirknolle
1 l H-Milch

(**1**) Kefirknolle in ein Glasgefäß geben und mit Milch aufgießen.

(**2**) Gefäß verschließen und an einem dunklen Ort bei Zimmertemperatur lagern.

(**3**) Nach dem ersten Tag den Kefir-Milch-Mix mit einem Kunststofflöffel umrühren und weiter ruhen lassen.

(**4**) Nach dem zweiten Tag den Kefir durch ein Kunststoffsieb abgießen und in einem verschließbaren Gefäß auffangen.

(**5**) Den hausgemachten Kefir im Kühlschrank lagern.

(**6**) Die Kefirknolle unter fließendem Wasser abspülen und wieder mit Schritt 1 beginnen.

Tipp

Benutzen Sie nur Kunststofflöffel und -siebe, da die Kefirknolle durch die Berührung mit Metall beschädigt wird.

> Das Sorbet kann im Gefrierschrank gelagert werden. Vor dem Verzehr einfach antauen lassen und mit dem Standmixer auflockern.

MATCHA-SORBET

Schüssel
Milchaufschäumer
oder Schneebesen
Standmixer
Feinsieb

Für 4 Portionen

2 TL Matchapulver
200 ml Wasser
10 Zitronenmelisseblätter
2 Pfirsiche
2–3 Handvoll Crushed Ice
1 Flasche Schaumwein

(1) Matchapulver in eine Schüssel geben, mit max. 80 °C heißem Wasser aufgießen und mit einem Milchaufschäumer schaumig rühren.

(2) Zitronenmelisse in den noch warmen Tee geben, 10 Minuten ziehen lassen und anschließend aus dem Getränk nehmen.

(3) Matchatee abkühlen lassen.

(4) Pfirsiche halbieren, entsteinen und grob zerkleinern.

(5) Pfirsiche und den Matcha-Zitronenmelisse-Tee in einen Standmixer geben und glatt pürieren. Optional das Püree durch ein Sieb streichen.

(6) Das Püree wieder in den Standmixer geben, mit Crushed Ice 10 Sekunden auf Stufe 1 mixen, anschließend 20 Sekunden auf Stufe 2 mixen. Falls das Sorbet noch zu flüssig sein sollte, geben Sie noch etwas Crushed Ice dazu.

(7) Je eine Sorbetkugel in ein vorgekühltes Glas geben und mit Schaumwein aufgießen.

BRAZILIAN FRAPPÉ

Schüssel
Standmixer
Sieb

Für die Paranussmilch

200 g Paranusskerne
700 ml Wasser

Für 2 Portionen

1 Guave
1 Banane
100 ml Spicy Cold Drip (----> S. 137)
1–2 EL Vollrohrzucker
2 Handvoll Crushed Ice
150 ml Paranussmilch
    (alternativ Mandelmilch)

(1) Paranüsse leicht mit Wasser bedecken und über Nacht in einer Schüssel quellen lassen.

(2) Gequollene Paranüsse mit 700 ml warmem Wasser in den Standmixer geben, glatt pürieren und durch ein Sieb streichen.

(3) Guave und Banane schälen und grob klein schneiden.

(4) Alle Zutaten in den Standmixer geben, glatt pürieren und durch ein Sieb streichen.

(5) Flüssigkeit zurück in den Standmixer geben und mit Cruhed Ice zunächst 10 Sekunden auf Stufe 1, anschließend 20 Sekunden auf Stufe 2 mixen. Falls das Frappé noch zu flüssig sein sollte, geben Sie etwas zusätzliches Crushed Ice in den Standmixer.

Variante
— TIPP —

In einer ausgekochten Glasflasche mit Deckel ist die Paranussmilch bis zu 1 ½ Wochen haltbar.

Tradition
— TIPP —

Matchatee wird traditionell in einer Schale mit einem Bambusbesen schaumig gerührt. Das Wasser darf nicht heißer als 80 °C sein, sonst wird der Tee nicht schaumig. Mit einem Milchaufschäumer gelingt es sehr gut, den Tee schaumig zu rühren.

garden&

fruit

Summer Clash

OBST KOLLIDIERT MIT GEMÜSE

SUMMER CLASH

Standmixer
Feinsieb

Für 2 Portionen

½ Mango
1 Banane
2 Chinakohlblätter
200 ml frisch gepresster Orangensaft
Wasser (optional)

(**1**) Mango entsteinen und schälen.

(**2**) Obst und Chinakohl grob zerkleinern.

(**3**) Alle Zutaten im Standmixer gründlich pürieren. Für ein glatteres Mundgefühl Smoothie durch ein Sieb streichen.

Man&Go

MAN & GO

Standmixer
Feinsieb

Für 2 Portionen

½ Avocado
¼ Mango
4 Cherry-Tomaten
6 Korianderblätter
Saft von 1 Zitrone
250 ml Wasser
Salz, Pfeffer

(**1**) Avocado entsteinen und mit einem Löffel das Fruchtfleisch herauskratzen.

(**2**) Mango entsteinen und schälen. Mango und Tomaten grob klein schneiden.

(**3**) Alle Zutaten im Standmixer glatt pürieren. Für ein glatteres Mundgefühl die Flüssigkeit durch ein Sieb streichen.

BIRNE-GUAVE-SPINAT

Standmixer
Feinsieb

Für 2 Portionen

200 ml Apfeltee
2 Guaven
2 Birnen
7 Spinatblätter
Agavendicksaft (optional)

(**1**) Apfeltee aufbrühen und abkühlen lassen

(**2**) Guaven schälen, Birnen und Guaven in grobe Stücke schneiden.

(**3**) Alle Zutaten im Standmixer glatt pürieren. Für ein glatteres Mundgefühl den Smoothie durch ein Sieb streichen.

(**4**) Optional mit Agavendicksaft süßen.

BRAZIL BASIL

Standmixer

Für 2 Portionen

6–8 Erdbeeren
1 Apfel
1 Handvoll Basilikumblätter
200 ml Wasser

(**1**) Obst und Basilikum grob klein schneiden.

(**2**) Alle Zutaten im Standmixer gründlich pürieren.

MEDITERRANIEN

Standmixer

Für 2 Portionen

½ Zucchini
½ gelbe Paprika
3 getrocknete Tomaten
Saft von 1 Zitrone
1 TL gemahlener Kardamom
1 EL weißer Balsamico
100 g Joghurt
200 ml Kefir (----> S. 49)
Pfeffer, Salz, Zucker

(**1**) Gemüse in grobe Stücke schneiden.

(**2**) Alle Zutaten im Standmixer glatt pürieren.

Dieser grüne Lassi kann warm und kalt genossen werden.

Variante — TIPP —

THAI SMASH

Standmixer

Für 2 Portionen

¼ Papaya
¼ Ananas
5–8 Blätter Thai-Basilikum
Saft von 1 Pink Grapefruit
2 cm Ingwer
150–200 ml Kokoswasser
Agavendicksaft (optional)

(**1**) Papaya entkernen.

(**2**) Ananas schälen und den Mittelstrunk herausschneiden.

(**3**) Obst und Thai-Basilikum grob zerkleinern. Ingwer schälen.

(**4**) Alle Zutaten im Standmixer glatt pürieren.

BLU SPINACIO

Standmixer
Feinsieb

Für 2 Portionen

1 Birne
1 Handvoll Himbeeren
2 Handvoll Blaubeeren
6–8 Spinatblätter
200 ml Apfelsaft (Direktsaft)

(**1**) Birne grob zerkleinern.

(**2**) Alle Zutaten im Standmixer gründlich pürieren. Für ein glatteres Mundgefühl den Smoothie durch ein Sieb streichen.

Pürieren Sie die Birnenkerne einfach mit. Die Kerne enthalten viele Proteine, Ballaststoffe sowie Biotin und sind weitestgehend geschmacksneutral.

Variante
— TIPP —

DAS TREIBT

Prinz
Löwenzahn

PRINZ
LÖWENZAHN

Standmixer
Feinsieb

Für 2 Portionen

2 TL Verbeneblätter
200 ml Wasser
2 Pfirsiche
¼ Honigmelone
3–4 Löwenzahnblätter

(**1**) Verbeneblätter mit kochendem Wasser aufgießen, 10 Minuten
ziehen lassen, durch ein Sieb abgießen.

(**2**) Pfirsiche halbieren und entkernen.

(**3**) Obst und Löwenzahnblätter grob zerkleinern.

(**4**) Alle Zutaten mit dem Verbenetee im Standmixer gründlich
pürieren. Für ein glatteres Mundgefühl Smoothie durch ein Sieb
streichen.

Für eine flüssigere Konsistenz
rühren Sie etwas Mandelmilch in
den Smoothie.

Sweetie

SWEETIE

Standmixer
Sieb

Für 2 Portionen

8–10 Erdbeeren
½ Mango
6–8 Basilikumblätter
Saft von 2 Limetten
2 TL Vanillezucker
200 ml Wasser

(**1**) Erdbeeren, Mango und Basilikumblätter grob zerkleinern.

(**2**) Alle Zutaten im Standmixer glatt pürieren. Bei Bedarf den Smoothie durch ein Sieb streichen.

Variante
TIPP

Für eine erfrischende Limonade streichen Sie den Smoothie durch ein Sieb, verteilen die klare Flüssigkeit auf zwei mit Eiswürfeln gefüllte Gläser und füllen die Limonade mit Ginger Beer auf.

SOMMERGARTEN

Standmixer
Sieb

Für 2 Portionen

300 g Wassermelone
9 cm Salatgurke
150 ml Tomatensaft
50 ml Zitronensaft
3 cm Meerrettich
Salz, Pfeffer, Zucker

(**1**) Wassermelone und Salatgurke grob zerkleinern.

(**2**) Alle Zutaten im Standmixer glatt pürieren. Bei Bedarf den Smoothie durch ein Sieb streichen.

(**3**) Mit Salz, Pfeffer und Zucker abschmecken.

HONEY ROCKET

Standmixer
Sieb

Für 2 Portionen

¼ Honigmelone
1 Birne
8 Rucolastängel
200 ml Apfelsaft (Direktsaft)
Salz

(**1**) Obst und Rucola grob zerkleinern.

(**2**) Alle Zutaten im Standmixer glatt pürieren. Bei Bedarf den Smoothie durch ein Sieb streichen.

(**3**) Mit Salz abschmecken.

Melone

FIRE CUP

Standmixer
Feinsieb

Für 2 Portionen

½ Chilischote
2 Äpfel
8 cm Salatgurke
2 cm Ingwer
Saft von 1 Zitrone
200 ml Wasser

(**1**) Chilischote der Länge nach halbieren und entkernen,
den Ingwer schälen.

(**2**) Alle Zutaten grob zerkleinern und im Standmixer glatt pürieren.
Für ein glatteres Mundgefühl den Smoothie durch ein Sieb
streichen.

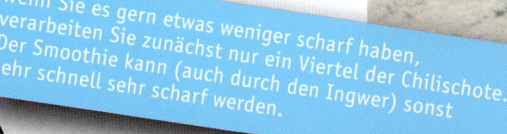

Wenn Sie es gern etwas weniger scharf haben,
verarbeiten Sie zunächst nur ein Viertel der Chilischote.
Der Smoothie kann (auch durch den Ingwer) sonst
sehr schnell sehr scharf werden.

Variante
— TIPP —

Fire Cup

Rübli

RÜBLI

Schüssel
Standmixer
Feinsieb

Für die Haselnussmilch

200 g Haselnusskerne
700 ml Wasser

Für 2 Portionen

1 Karotte
1 großes Stück Süßkartoffel
　　(5 x 5 cm)
300 ml Haselnussmilch
100 ml Apfelsaft (Direktsaft)
1 TL Sesamöl
Ahornsirup oder Agavendicksaft
　　(optional)

(**1**) Haselnüsse leicht bedeckt mit Wasser in einer Schüssel über Nacht quellen lassen.

(**2**) 700 ml Wasser leicht erwärmen, mit den Haselnüssen im Standmixer glatt pürieren, anschließend durch ein feines Sieb streichen.

(**3**) Karotte und Süßkartoffel grob zerkleinern, mit 300 ml Haselnussmilch und den restlichen Zutaten im Standmixer glatt pürieren. Für ein glatteres Mundgefühl den Smoothie durch ein Sieb streichen.

In einer ausgekochten Glasflasche mit Deckel ist die Haselnussmilch bis zu 1 ½ Wochen haltbar. Für eine flüssigere Konsistenz rühren Sie etwas mehr Haselnussmilch in den Smoothie.

Tipp

POPEYE'S FAVOURITE

Standmixer
Feinsieb

Für 2 Portionen

1 Apfel
7 cm Salatgurke
7–8 Spinatblätter
2 cm Ingwer
1 Selleriestange
Saft von 1 Zitrone
200 ml Wasser oder
　　Apfelsaft (Direktsaft)
Pfeffer, Salz

(**1**) Alle Zutaten grob zerkleinern, den Ingwer schälen und alles im Standmixer glatt pürieren.

(**2**) Für ein glatteres Mundgefühl den Smoothie durch ein Sieb streichen.

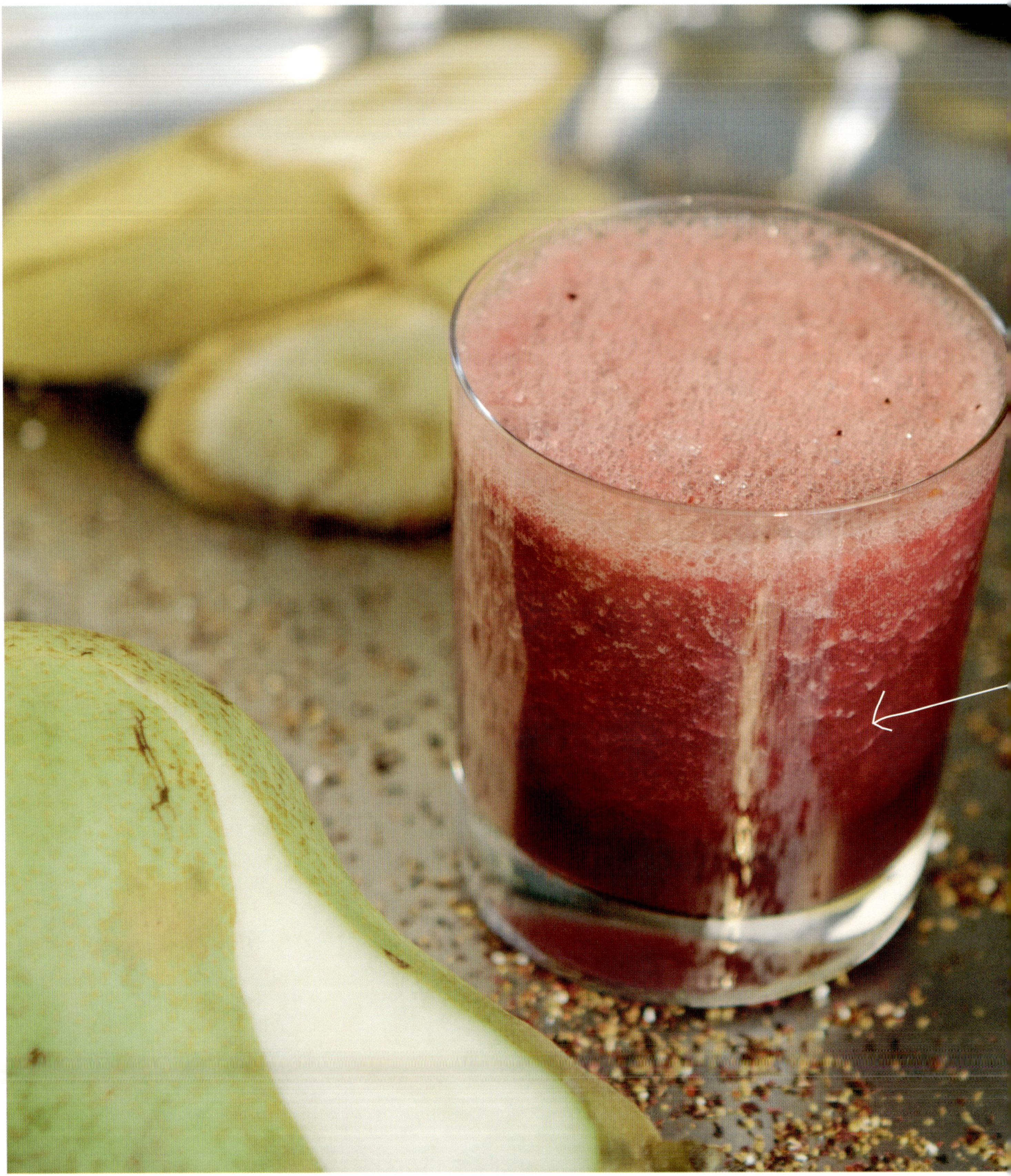

ROTKÄPPCHEN

Standmixer

Für 2 Portionen

200 ml Waldbeeren-Früchtetee
1 Birne
½ Banane
1 Handvoll rote Trauben
½ Rote Bete
2 cm Ingwer

(**1**) Früchtetee kochen und abkühlen lassen.

(**2**) Obst und Rote Bete grob klein schneiden. Ingwer schälen.

(**3**) Alle Zutaten im Standmixer gründlich pürieren.

Rotkäppchen

CHRISTMAS KRAUTS

Standmixer
Feinsieb

Für 2 Portionen

1 Apfel
1 Birne
2 Rotkohlblätter
2 Selleriestangen
300 ml Apfelsaft (Direktsaft)
Salz, Pfeffer, Zimtpulver

(**1**) Obst und Gemüse grob klein schneiden.

(**2**) Alle Zutaten im Standmixer gründlich pürieren. Bei Bedarf den Smoothie durch ein Feinsieb streichen.

Christmas Krauts

STATT FESTTAGSBRATEN

DA REIN

Coconut Refresher

COCONUT REFRESHER

❄

Standmixer
Feinsieb

Für 2 Portionen

1 Apfel
8 cm Salatgurke
¼ Fenchel
2 Chinakohlblätter
Saft von 1 Limette
250 ml Kokoswasser

(**1**) Obst und Gemüse grob zerkleinern.

(**2**) Alle Zutaten im Standmixer glatt pürieren. Für ein glatteres Mundgefühl den Smoothie durch ein Sieb streichen.

lemonades&

flavoured water

BLÜTEN-HIGHBALL

verschließbare Flasche

Für das Zitonenwasser

Saft und Zesten von 1 Zitrone
1 l Mineralwasser mit Kohlensäure
(alternativ still)

Für 1 Portion

150 ml Blüten-Kombucha (┈┈┄> S. 40)
1 Handvoll Crushed Ice
1 lange Orangenzeste
1 lange Zitronenzeste
4 Spritzer Angostura
Zitronenwasser zum Auffüllen

(**1**) Zitronensaft und -zesten zum Mineralwasser in eine Flasche
geben, diese verschließen und über Nacht in den Kühlschrank
stellen.

(**2**) Kombucha und Crushed Ice in ein Glas geben.

(**3**) Orangen- und Zitronenzesten hinzufügen und mit dem Zitronen-
Mineralwasser auffüllen.

(**4**) Ein wenig Angostura in den Highball tropfen lassen.

Eis gefällig?! Den Limonadenansatz in kleine
Portionsbecher füllen, mit einem Holzstiel versehen,
einfrieren – und fertig ist die gesunde Erfrischung.

Eis TIPP

Blüten-
Highball

RHUBARB RED LEMONADE

Standmixer
Feinsieb
verschließbare Flasche

Für 5 Portionen

3 Zitronen
3 Granatäpfel
1 Rhabarberstange
70 ml Agavendicksaft
Eiswürfel
Mineralwasser mit Kohlensäure
   (alternativ still)

(**1**) Zitronen und Granatäpfel entsaften. Rhabarber grob klein schneiden.

(**2**) Alle Zutaten im Standmixer gründlich pürieren und durch ein Sieb streichen.

(**3**) Limonadenansatz in Flaschen füllen, verschließen und im Kühlschrank kalt werden lassen.

(**4**) Je 50–80 ml Limonadenansatz in mit Eiswürfeln gefüllte Gläser geben und mit Mineralwasser auffüllen.

Für eine längere Haltbarkeit den fertigen Limonaden-ansatz auf 80 °C erhitzen und noch heiß in eine sterile, verschließbare Flasche füllen. Gut gekühlt ist der Ansatz so etwa 1 Woche haltbar.

Tipp

Rhubarb Red Lemonade

RHUBARB SOUR

Standmixer
Sieb
verschließbarer Behälter

Für 4 Portionen

1 Rhabarberstange
8–10 Erdbeeren
1 Zitronengrasstängel
Saft von 2–3 Zitronen
50 ml Agavendicksaft
Eiswürfel
Mineralwasser mit Kohlensäure
(alternativ still)

(**1**) Rhabarber in ca. 2 cm lange Stücke schneiden, Erdbeeren halbieren.

(**2**) Zitronengras der Länge nach halbieren, die äußeren Blätter lösen und das zarte Zitronengrasherz klein schneiden.

(**3**) Alle Zutaten in den Standmixer geben, pürieren und durch ein Sieb streichen.

(**4**) Je 50–70 ml des Limonadenansatzes in mit Eiswürfeln gefüllte Gläser geben und mit Mineralwasser auffüllen.

Rhubarb
Sour

Kombucha Refresher

KOMBUCHA REFRESHER

verschließbare 1-l-Flasche
mit breiter Öffnung

Für 5 Portionen

½ Salatgurke
1 Handvoll Holunderblüten
700 ml Kräuter-Kombucha (┈┄> S. 40)
300 ml Mineralwasser mit Kohlensäure
   (alternativ still)

(**1**) Salatgurke in möglichst dünne Scheiben schneiden.

(**2**) Gurkenscheiben und Holunderblüten in eine Flasche geben, mit Kräuter-Kombucha auffüllen und verschließen.

(**3**) Die Flasche für 12–24 Stunden in den Kühlschrank stellen.

(**4**) Vor dem Servieren mit Mineralwasser auffüllen.

Lazy Thyme Lemonade

FÜR FAULE SOMMERTAGE

LAZY THYME LEMONADE

Standmixer
Sieb
verschließbare Flaschen

Für 5 Portionen

5 Aprikosen
3–4 Thymianzweige
200 ml Limettensaft
100 ml Agavendicksaft
Eiswürfel
Ingwerlimonade (----> S. 47)
     oder Mineralwasser mit Kohlensäure
     (alternativ still)

(**1**) Aprikosen halbieren und entsteinen.

(**2**) Alle Zutaten in den Standmixer geben und glatt pürieren (für eine flüssigere Konsistenz etwas Wasser dazugeben).

(**3**) Die Limonade durch ein Sieb streichen und in verschließbare Flaschen füllen. Im Kühlschrank lagern.

(**4**) Je 50–70 ml des Limonadenansatzes in mit Eiswürfeln gefüllte Gläser geben und mit Ingwerlimonade oder Mineralwasser auffüllen.

MINT LEMONADE

Standmixer
Sieb

Für 2 Portionen

¼ Ananas
Saft von 4 Limetten
10 Minzblätter
70 ml Zuckersirup
Mineralwasser mit Kohlensäure
(alternativ still)

(**1**) Ananas schälen und den Mittelstrunk entfernen.

(**2**) Alle Zutaten grob zerkleinern, im Standmixer glatt pürieren und durch ein Sieb streichen.

(**3**) Je 70 ml in Gläser geben und mit Mineralwasser auffüllen.

Variante: Very minty

(**1**) Alle Zutaten ohne die Minze pürieren und durch ein Sieb streichen.

(**2**) Die Minze dazugeben, in einen Vakuumbeutel füllen und verschließen. Alternativ in einen verschließbaren Kunststoffbehälter füllen (diesen aber nur zu zwei Dritteln füllen).

(**3**) Die Masse 2–3 Stunden einfrieren.

(**4**) Anschließend auftauen lassen und durch ein Sieb streichen, um die Minzeblätter herauszufiltern.

PINK LIMO

Standmixer
Feinsieb

Für 5 Portionen

1 Granatapfel
300 g Wassermelone
Saft von 1 Limette
40 ml Agavendicksaft
Eiswürfel
Mineralwasser mit Kohlensäure
(alternativ still)

(**1**) Granatapfel entsaften.

(**2**) Wassermelone grob zerkleinern.

(**3**) Alle Zutaten im Standmixer glatt pürieren, anschließend durch ein Sieb streichen.

(**4**) Je 70 ml Limonadenansatz in mit Eiswürfeln gefüllte Gläser geben und mit Mineralwasser auffüllen.

Für ein erfrischendes Fruchteis füllen Sie alternativ den Limonadenansatz in kleine Portionsbecher, versehen diese mit einem Holzstiel und frieren das Ganze über Nacht ein.

Eis TIPP

ROTWILD

PINK LIMO

MINT LEMONADE

ROTWILD

Sieb
verschließbares Gefäß

Für 10 Portionen

500 g TK-Beerenmix
500 ml Tafelessig
500 g Zucker
6 Rosmarinzweige
Eiswürfel
Mineralwasser mit Kohlensäure
(alternativ still)

(**1**) Alle Zutaten in ein Gefäß geben und verschließen.

(**2**) Kräftig schutteln, sodass sich alle Zutaten gleichmäßig verteilen.

(**3**) Behälter für 12 Stunden in den Kühlschrank stellen.

(**4**) Anschließend durch ein Sieb streichen.

(**5**) Je 50 ml des Limonadenansatzes in Gläser mit Eiswürfeln geben und mit Mineralwasser auffüllen.

WaKiSa

Karaffe

Für 10 Portionen

¼ Wassermelone
2 Kiwi
Saft von 1 Limette
6–8 Salbeiblätter
1,5 l Wasser

(**1**) Wassermelone und Kiwi klein schneiden.

(**2**) Alle Zutaten in eine Karaffe geben, mit Wasser auffüllen und über Nacht im Kühlschrank lagern.

RASPBERRY LEMONADE

Standmixer
Feinsieb

Für 4 Portionen

2 Handvoll Himbeeren
    (alternativ auch TK-Beeren)
Saft von 2 Orangen
Saft von 1 Zitrone
1 TL grüner Kardamom
5 TL Vanillezucker
Eiswürfel
Mineralwasser mit Kohlensäure
    (alternativ still) oder
Ginger Beer

(**1**) Alle Zutaten im Standmixer glatt pürieren, anschließend durch ein Sieb streichen.

(**2**) Je 60–70 ml Limonadenansatz in mit Eiswürfeln gefüllte Gläser geben und mit Mineralwasser oder Ginger Beer auffüllen.

Um Zeit zu sparen, können Sie das Wassermelonen-Kiwi-Salbei-Gemisch einfach mit heißem Wasser übergießen.

Tipp

Raspberry Lemonade

PINK FUN

Wasserkefir

FEIGE-ZITRONE

ROSINE-ORANGE

APRIKOSE-ROSE

WASSERKEFIR
FEIGE-ZITRONE

Glasbehälter
Frischhaltefolie
Gummiring
Kunststoffsieb
Flasche

Für 5 Portionen

1 l Wasser
80 g Rohrzucker
2–3 EL Wasserkefirkristalle
3–4 getrocknete Feigen
2–3 Zitronenscheiben

(**1**) Wasser in den Glasbehälter geben und den Rohrzucker darin
vollständig auflösen.

(**2**) Kefirkristalle, Feigen und Zitronenscheiben dazugeben.

(**3**) Glas mit Frischhaltefolie und Gummiring verschließen, sodass die
entstehende Kohlensäure entweichen kann. Das verschlossene
Gefäß bei Zimmertemperatur 2 Tage ruhen lassen.

(**4**) Kefirwasser durch ein Kunststoffsieb in eine Flasche
abseihen und kalt stellen.

(**5**) Kefirkristalle unter fließendem Wasser abspülen
und wieder bei Schritt 1 beginnen.

Und so schmeckt's im Winter: Statt
der Feigen geben Sie 2 EL Rosinen zum Kefir
und statt der Zitronen 3 Orangenscheiben.

WASSERKEFIR
APRIKOSE-ROSE

Glasbehälter
Fschhaltefolie
Gummiring
Kunststoffsieb
Flasche

Für 5 Portionen

1 l Wasser
80 g Rohrzucker
2–3 EL Wasserkefirkristalle
4 getrocknete Aprikosen
4–5 getrocknete Rosenblüten
2–3 Zitronenscheiben

(**1**) Wasser in den Glasbehälter geben und den Rohrzucker darin
vollständig auflösen.

(**2**) Kefirkristalle, Aprikosen, Rosenblüten und Zitronenscheiben
dazugeben.

(**3**) Glas mit Frischhaltefolie und einem Gummiring verschließen,
sodass die Kohlensäure entweichen kann. Das Gefäß bei
Zimmertemperatur 2 Tage ruhen lassen.

(**4**) Kefir-Aprikosen-Rosen-Wasser durch ein Kunststoffsieb in eine
Flasche abseihen und kalt stellen.

(**5**) Kefirkristalle unter fließendem Wasser abspülen und wieder bei
Schritt 1 beginnen.

Benutzen Sie immer Kunststoffsiebe
und -löffel, da Metall die Kristalle
beschädigen kann.

Gurken-Minz-Limonade

GURKEN-MINZ-LIMONADE

Für 5 Portionen

Standmixer
Sieb

1 Salatgurke
10 Minzblätter
300 ml Zitronensaft
200 ml Zuckersirup
Eiswürfel
Mineralwasser mit Kohlensäure
(alternativ still)

(**1**) Salatgurke in grobe Stücke schneiden.

(**2**) Alle Zutaten im Standmixer gründlich pürieren, anschließend durch ein Sieb streichen.

(**3**) Je 50–70 ml des Limonadenansatzes in Gläser mit Eiswürfeln geben und mit Mineralwasser auffüllen.

Variante
— TIPP —

Das Minzaroma lässt sich noch verstärken. Schauen Sie auf ⟶ S. 80 unter Very minty.

ASIAN ICE TEA

Standmixer
Sieb

Für 2 Portionen

500 ml Wasser
5 TL grüner Tee
3 EL Vollrohrzucker
1 EL Agavendicksaft
2–3 Kalamansi (alternativ
    60 ml Kalamansipüree)
¼ Ananas
8–10 Korianderblätter

(**1**) Wasser erhitzen und den Tee damit übergießen. 10–15 Minuten ziehen lassen.

(**2**) Rohrzucker und Agavendicksaft in den noch warmen Tee einrühren.

(**3**) Kalamansi entsaften.

(**4**) Ananas schälen und Mittelstrunk herausschneiden. Ananasviertel in grobe Stücke schneiden.

(**5**) Ananas, Koriander und Kalamansisaft im Standmixer glatt pürieren, anschließend durch ein Sieb streichen.

(**6**) Limonadenansatz auf zwei Gläser verteilen und mit 300 ml gesüßtem grünem Tee auffüllen.

ASIAN WATER

Glaskaraffe

Für 5 Portionen

150 g Galgant
3 Zitronengrasstängel
1 l Kokoswasser
1 Limette
Eiswürfel
5 Zweige Zitronenmelisse

(**1**) Galgant in dünne Scheiben schneiden und in eine Glaskaraffe geben.

(**2**) Zitronengras der Länge nach halbieren und ebenfalls in die Karaffe geben.

(**3**) Mit Kokoswasser aufgießen und über Nacht im Kühlschrank kalt stellen.

(**4**) Limette in Scheiben schneiden.

(**5**) Das Galgant-Zitronengras-Kokoswasser wird mit Eiswürfeln, Limettenscheiben und einem Zweig Zitronenmelisse serviert.

Variante
— TIPP —

Alternativ mit etwas Sodawasser auffüllen.

Classic Lemonade

SPICY ANANAS

Standmixer
Sieb
verschließbare Flasche

Für 5 Portionen

½ Ananas
1 TL Harissa
150 ml Zitronensaft
100 ml Birnendicksaft
150 ml Kokoswasser
Eiswürfel
Mineralwasser mit Kohlensäure
(alternativ still)

(**1**) Alle Zutaten in den Standmixer geben und glatt pürieren.

(**2**) Die Flüssigkeit durch ein Sieb streichen und in Flaschen füllen. Im Kühlschrank lagern.

(**3**) Je 50–70 ml des Limonadenansatzes in Gläser mit Eiswürfeln geben und mit Mineralwasser auffüllen.

CLASSIC LEMONADE

Karaffe

Für 5 Portionen

Saft von ca. 8 Limetten
(sollte 200 ml ergeben)
4 EL Zucker
Schale von ½ Pink Grapefruit
700 ml Mineralwasser
mit Kohlensäure
(alternativ still)

(**1**) Limettensaft mit Zucker in der Karaffe vermischen, bis der Zucker vollständig aufgelöst ist.

(**2**) Pink-Grapefruit-Schale und Mineralwasser in die Karaffe geben und vermischen.

(**3**) Karaffe für 2 Stunden im Kühlschrank kalt stellen.

NIMM2-LIMONADE

Topf

Für 10 Portionen

500 ml Orangensaft
300 ml Wasser
15 Nimm2-Bonbons
70 g Zucker
100 ml Zitronensaft
Eiswürfel
Mineralwasser mit Kohlensäure
(alternativ still)

(**1**) Orangensaft und Wasser in einem Topf erhitzen und die Nimm2-Bonbons und den Zucker darin bei geringer Hitze unter ständigem Rühren auflösen.

(**2**) Nimm2-Sirup abkühlen lassen.

(**3**) Anschließend mit dem Zitronensaft mischen.

(**4**) Je 50–70 ml Limonadenansatz in mit Eiswürfeln gefüllte Gläser geben und mit Mineralwasser auffüllen.

Nimm2-Limonade

Grüner-Tee-Bowle

Bowlenschüssel

Für 10 Portionen

1 l Früchtetee
10–15 Erdbeeren
1 Zitrone
1 Tüte Fruchtgummi mit
   Beerengeschmack
1 Handvoll Himbeeren
60 ml Agavendicksaft
1 l Mineralwasser
   mit Kohlensäure
   (alternativ still)

(**1**) Fürchtetee zubereiten und abkühlen lassen.

(**2**) Erdbeeren halbieren und Zitrone in dünne Scheiben schneiden.

(**3**) Bis auf das Mineralwasser alle Zutaten in die Bowlenschüssel geben und umrühren.

(**4**) Bowle für 3 Stunden im Kühlschrank kalt stellen.

(**5**) Vor dem Servieren mit Mineralwasser auffüllen.

GRÜNER-TEE-BOWLE

Bowlenschüssel

Für 10 Portionen

1 l Wasser
8–10 g grüner Tee
500 ml Apfelsaft
1 Orangenscheibe
1 Limettenscheibe
1 Bund Zitronenmelisse
1 Bund Minze
1 Bund Waldmeister
700 ml Mineralwasser
   mit Kohlensäure
   (alternativ still)

(**1**) Wasser erhitzen und über den Tee gießen, 10–15 Minuten ziehen lassen und durch ein Sieb abgießen.

(**2**) Tee abkühlen lassen.

(**3**) Alle Zutaten außer dem Mineralwasser in die Bowlenschüssel geben und 1 ½ Stunden im Kühlschrank ziehen lassen.

(**4**) Den Waldmeister nach 30 Minuten wieder herausnehmen.

(**5**) Vor dem Servieren die Bowle mit Mineralwasser auffüllen und noch mal kurz umrühren.

Binden Sie die Stiele des Waldmeisters zusammen, sodass Sie ihn in einem aus der Bowle fischen können. Die Waldmeisterstiele enthalten sehr viele Bitterstoffe, geben Sie daher die Pflanze so in die Bowle, dass die Stiel-enden nicht mit der Flüssigkeit in Kontakt kommen.

Tipp

MAIBOWLE

Bowlenschüssel

Für 15 Portionen

1 Bund Waldmeister
1 Bund Zitronenverbene
3 Pfirsiche
Schale von 1 Zitrone
Schale von 1 Orange
100 ml Dom Bénédictine
(alternativ ein anderer
Kräuterlikör)
8 Spritzer Angostura
2 Flaschen Fino Sherry
1 Flasche Schaumwein

Achten Sie darauf, dass die Stielenden nicht mit dem Wein in Berührung kommen, damit sich keine Bitterstoffe bilden.

(**1**) Waldmeister und Verbene für 1 Stunde in den Gefrierschrank geben, damit die Zellstruktur aufbricht und die Aromen freigesetzt werden.

(**2**) Pfirsiche entsteinen und achteln. Bis auf den Schaumwein alle Zutaten in die Bowlenschüssel geben.

(**3**) Waldmeister mit einem Faden zusammenbinden und in die Schüssel geben. Die Bowle kalt stellen.

(**4**) Waldmeister nach 30 Minuten und Verbene nach 60 Minuten wieder herausnehmen.

(**5**) Die Zitronen- und Orangenschalen sollten nach spätestens 2 Stunden herausgenommen werden, um einen bitteren Geschmack zu vermeiden.

(**6**) Vor dem Servieren mit Schaumwein auffüllen.

Waldmeister — TIPP —

Wenn der Waldmeister zu lange zieht (maximal 30 Minuten), gibt er zu viel seines Inhaltsstoffes Cumarin ab, was zu Kopfschmerzen führen kann. Legen Sie den Waldmeister deshalb ca. 1 Stunde vor Verwendung in den Gefrierschrank. Auf diese Weise brechen die Zellwände auf und sein Aroma wird schneller und dadurch kopfschmerzvorbeugend freigegeben.

KOMBUCHA-BOWLE

Bowlenschüssel

Für 10 Portionen

1 Salatgurke
1/8 Wassermelone
1 l Blüten-Kombucha (····> S. 40)
1 Bund Minze
1 Flasche Schaumwein
500 ml Mineralwasser
mit Kohlensäure
(alternativ still)
100 ml Cointreau

(**1**) Salatgurke in möglichst dünne Scheiben schneiden, Melone grob klein schneiden.

(**2**) Gurke und Melone in die Bowlenschüssel geben.

(**3**) Früchte mit Kombucha aufgießen und 1 ½ Stunden ziehen lassen.

(**4**) Minze kurz vor dem Servieren dazugeben und mit Schaumwein sowie Mineralwasser aufgießen.

(**5**) Bowle vorsichtig umrühren und mit Cointreau abschmecken.

Für eine gekühlte Bowle: Ein großer Eisblock ist besser als kleine Eiswürfel, denn er schmilzt sehr langsam, was die Bowle vor vorzeitiger Verwässerung schützt.

Tipp

Kombucha-Bowle

Wasserkefir-Winter-Bowle

WASSERKEFIR-WINTER-BOWLE

Bowlenschüssel

Für 10 Portionen

1 Flasche Weißwein
500 ml Fino Sherry
5 gedörrte Orangenscheiben
5 gedörrte Zitronenscheiben
4–5 Sternanis
1 Zimtstange
1 EL gemahlene Muskatnussblüte
1 l Wasserkefir Rosine-Orange (·····⟩ S. 84)
50–100 ml Cointreau
500 ml Mineralwasser mit Kohlensäure
      (alternativ still)

(**1**) Weißwein und Sherry in eine Bowlenschüssel geben,
       gedörrte Zitrusscheiben sowie Gewürze dazugeben.

(**2**) Über Nacht ziehen lassen.

(**3**) Wasserkefir Rosine-Orange in die Bowlenschüssel geben.
       Mit Cointreau abschmecken. Mineralwasser aufgießen.

Wenn Sie die Zitrusfrüchte selbst dörren:

(**1**) Orangen und Zitronen in dünne Scheiben schneiden.

(**2**) Die Scheiben auf einem Ofenrost auslegen und bei 70 °C Umluft für
       8 Stunden bei leicht geöffneter Ofentür im Ofen trocknen.

CHRISTMAS LEMONADE

Standmixer
Sieb
verschließbare Flaschen

Für 5 Portionen

200 ml Wasser
400 g Zucker
1 Salatgurke
200 ml Apfelsaft (Direktsaft)
1 Handvoll Minzblätter
150 ml Zitronensaft
1 Prise Zimtpulver
Eiswürfel
Mineralwasser mit Kohlensäure
    (alternativ still)

(**1**) Wasser mit Zucker aufkochen und den Zucker unter Rühren vollständig lösen. Zuckersirup anschließend abkühlen lassen.

(**2**) Salatgurke in grobe Stücke schneiden.

(**3**) Alle Zutaten mit 200 ml Zuckersirup im Standmixer glatt pürieren.

(**4**) Flüssigkeit durch ein Sieb streichen, in verschließbare Flaschen geben und im Kühlschrank lagern.

(**5**) Je 50–70 ml des Limonadenansatzes in Gläser mit Eiswürfeln geben. Mit Mineralwasser auffüllen.

In der kalten Jahreszeit kann die Limonade auch mit heißem Wasser aufgegossen werden.

Variante
— TIPP —

Christmas Lemonade

NEKTARINEN-ROSMARIN-EISTEE

Standmixer
Sieb

Für 5 Portionen

8 g schwarzer Tee
1 l Wasser
2 EL Ahornsirup
4 Nektarinen
2 Rosmarinzweige

(**1**) Schwarzen Tee mit kochendem Wasser aufgießen, 10 Minuten ziehen lassen und durch ein Sieb abgießen.

(**2**) Ahornsirup in den noch warmen Tee einrühren.

(**3**) Nektarinen schälen und die Schale mit dem Rosmarin in den noch warmen Tee geben.

(**4**) Tee abkühlen lassen und erneut durch ein Sieb gießen.

(**5**) Nektarinen in grobe Stücke schneiden.

(**6**) Die Nektarinenstücke zusammen mit dem Tee im Standmixer glatt pürieren.

(**7**) Den Eistee durch ein Sieb streichen und in den Kühlschrank stellen.

Statt des Rosmarins können Sie den Tee auch mit Thymian oder Lavendelblüten aromatisieren.

Variante
— TIPP —

smoothies&

powerdrinks

BREAKFAST LASSI

Standmixer

Für 2 Portionen

1 Apfel
1 Birne
1 Banane
1 Handvoll Haferflocken
1 EL Rosinen
1 EL Haselnüsse
300 g Joghurt
1 EL Honig
150 ml Wasser

(**1**) Apfel, Birne und geschälte Banane in grobe Stücke schneiden.
(**2**) Alle Zutaten im Standmixer glatt pürieren.

MACHT STARK

FRUIT BUSH

Entsafter
Standmixer

Für 2 Portionen

200 ml Honigbusch-Tee
1 Granatapfel
1 Zitrone
1 Mango
½ Banane
200 g Joghurt
1–2 TL Agavendicksaft (optional)

(**1**) Tee aufbrühen und kalt stellen.

(**2**) Granatapfel und Zitrone entsaften.

(**3**) Mango halbieren, entsteinen und schälen, Banane schälen.

(**4**) Alle Zutaten im Standmixer glatt pürieren.

Fruit Bush

Rosemary Berry

ROSEMARY BERRY

Standmixer

Für 2 Portionen

2 Rosmarinzweige
1 Birne
1 Handvoll Himbeeren
1 Handvoll Blaubeeren
1 Handvoll Brombeeren
200 ml Kokoswasser

(**1**) Rosmarinblätter von den Zweigen zupfen.

(**2**) Birne grob klein schneiden.

(**3**) Alle Zutaten im Standmixer glatt pürieren.

WILD RED

Standmixer

Für 2 Portionen

150–200 ml Waldbeeren-
 Früchtetee
1 Banane
2 cm Ingwer
1 Handvoll Himbeeren
6–8 Erdbeeren

(**1**) Früchtetee kochen und abkühlen lassen.

(**2**) Banane und Ingwer schälen. Früchte klein schneiden.

(**3**) Alle Zutaten im Standmixer glatt pürieren.

Für eine flüssigere Konsistenz rühren Sie zusätzlich etwas Mandelmilch in den Smoothie.

Variante
— TIPP —

TROPICAL REFRESHER

Standmixer
Feinsieb

Für 2 Portionen

2 Mangos
Saft von 1 Limette
250 ml Kokoswasser

(**1**) Mangos halbieren, entsteinen und schälen.

(**2**) Alle Zutaten im Standmixer glatt pürieren.

(**3**) Für eine flüssigere Konsistenz noch etwas Kokoswasser dazugeben. Für ein glatteres Mundgefühl Smoothie durch ein Sieb streichen.

MJAMMI

Nussknacker

EARLY THYME

Standmixer
Feinsieb

Für 2 Portionen

2 TL Earl Grey
300 ml Wasser
1–2 EL Agavendicksaft (optional)
3 Thymianzweige
2 Pfirsiche
6–7 Erdbeeren
Saft von 1 Limette
½ Banane
1 EL Haferflocken

(**1**) Den Tee mit kochendem Wasser aufgießen, 7 Minuten ziehen lassen, anschließend abgießen.

(**2**) Optional Agavendicksaft in den noch warmen Earl-Grey-Tee einrühren. Den Tee abkühlen lassen.

(**3**) Blättchen vom Thymian zupfen.

(**4**) Pfirsiche halbieren und entsteinen.

(**5**) Erdbeeren und Pfirsiche grob zerkleinern.

(**6**) Alle Zutaten im Standmixer gründlich pürieren. Für ein glatteres Mundgefühl den Smoothie durch ein Sieb streichen.

NUSSKNACKER

Standmixer
Feinsieb

Für 2 Portionen

¼ Papaya
½ Banane
1 Handvoll Blaubeeren
1 TL geschroteter Leinsamen
5 Walnusskerne
Saft von 1 Limette
2 EL Joghurt
200 ml frisch gepresster
    Orangensaft

(**1**) Papaya entkernen und schälen.

(**2**) Alle Zutaten grob klein schneiden und im Standmixer glatt pürieren.

(**3**) Smoothie gegebenenfalls durch ein Sieb streichen.

MR. AVOCADO

Standmixer
Feinsieb

Für 2 Portionen

½ Avocado
1 Kiwi
Saft von 3 Orangen
Saft von 1 Pink Grapefruit
2 Staudenselleriestangen
Agavendicksaft (optional)

(**1**) Avocado entsteinen und Fruchtfleisch herauslösen.

(**2**) Kiwi schälen und grob zerkleinern. Staudensellerie ebenfalls grob zerkleinern.

(**3**) Alle Zutaten im Standmixer glatt pürieren. Gegebenenfalls Flüssigkeit durch ein Sieb streichen.

Mr. Avocado

Oriental Cup

PINK KEFIR

Standmixer
Feinsieb

Für 2 Portionen

Saft von 1 Zitrone
1 Handvoll Himbeeren
½ TL gemahlener
    grüner Kardamom
Mark von ½ Vanilleschote
500 ml Kefir (⋯⋯⇒ S. 49)
2 EL Agavendicksaft (optional)
1 Handvoll Crushed Ice

(**1**) Alle Zutaten im Standmixer glatt pürieren, anschließend gegebenenfalls durch ein Sieb streichen.

(**2**) Optional mit Agavendicksaft nachsüßen.

ORIENTAL CUP

Topf (optional)
Standmixer
Sieb

Für 2 Portionen

1 Apfel
1 Birne
1 Rote Bete
300 ml Kefir (⋯⋯⇒ S. 49)
100 ml Wasser
1 Prise Zimt
3 Gewürznelken
Salz, Pfeffer

(**1**) Apfel, Birne und Rote Bete grob klein schneiden.

(**2**) Alle Zutaten im Standmixer glatt pürieren, anschließend gegebenenfalls durch ein Sieb streichen.

(**3**) Wer mag, kann den Smoothie auch warm trinken. Dazu das Getränk in einen Topf geben und langsam erhitzen. Mit Pfeffer und Salz abschmecken.

Eine angeschnittene Vanilleschote können Sie hervorragend nutzen, um Zucker zu aromatisieren. Einfach die halbe Schote in Ihre Zuckerdose geben, einmal am Tag leicht durchmischen und schon nach wenigen Tagen haben Sie feinen Vanillezucker.

Variante TIPP

GREEN SHAKE

Für 2 Portionen

½ Avocado
Saft von 1 Zitrone
1 Kiwi
2 Staudenselleriestangen
   mit Blättern
300 ml Kefir (----> S. 49)
100 ml Wasser
1 EL Honig
1 Handvoll Crushed Ice

(**1**) Avocado entsteinen, mit einem Löffel das Fruchtfleisch lösen und grob zerkleinern. Den Staudensellerie mit Blättern ebenfalls grob zerkleinern.

(**2**) Alle Zutaten im Standmixer glatt pürieren.

(**3**) Die Flüssigkeit durch ein Sieb streichen.

(**4**) Kräuterkefir wieder zurück in den Standmixer geben und mit Crushed Ice 5 Sekunden mixen.

Für ein vollwertiges Frühstück mit vielen Ballaststoffen geben Sie bei Schritt 2 noch 1–2 EL Haferflocken, Nüsse oder Müsli hinzu.

Variante
— TIPP —

SELLERIE-APFEL-KIWI

Für 2 Portionen

150–200 ml Apfeltee
1 Kiwi
1 grüner Apfel
2 Staudenselleriestangen
Saft von 1 Zitrone
1 ½ TL Ahornsirup (optional)

(**1**) Apfeltee zubereiten und abkühlen lassen.

(**2**) Kiwi schälen.

(**3**) Alle Zutaten grob klein schneiden und im Standmixer glatt pürieren.

Sellerie-Apfel-Kiwi

GRÜN, GRÜN, GRÜN

Fresh Mint

FRESH
MINT

Standmixer
Sieb

Für 2 Portionen

½ Salatgurke
10 Minzblätter
Saft von 2 Zitronen
150 g Joghurt
200 ml Kefir (----> S. 49)
1 TL Kreuzkümmel
Pfeffer, Salz

(**1**) Salatgurke in grobe Stücke schneiden.

(**2**) Alle Zutaten im Standmixer glatt pürieren.

(**3**) Flüssigkeit durch ein Sieb streichen und kalt stellen.

Für ein frischeres Minzaroma
schauen Sie auf ---> S. 80 bei
der Variante Very minty.

Variante
— TIPP —

FRÄULEIN
FRUIT

Standmixer

Für 2 Portionen

1 Kiwi
1 Apfel
2 Handvoll rote Trauben
1 Handvoll Blaubeeren
Saft von 2 Orangen
Saft von 1 Zitrone
1 Handvoll Gerstengras
1 ½ TL Ahornsirup (optional)

(**1**) Kiwi schälen. Apfel grob zerteilen.

(**2**) Alle Zutaten im Standmixer glatt pürieren und
optional mit Ahornsirup süßen.

EARL OF WHEAT

Standmixer
Feinsieb

Für 2 Portionen

1 ½ TL Earl Grey
200 ml Wasser
2 Äpfel
1 Karotte
2 cm Ingwer
1 Handvoll Weizengras
1 TL Kürbiskernöl

(**1**) Schwarzen Tee mit kochendem Wasser übergießen, 7 Minuten ziehen lassen und abkühlen lassen.

(**2**) Obst und Gemüse grob klein schneiden. Ingwer schälen.

(**3**) Alle Zutaten im Standmixer glatt pürieren. Für ein glatteres Mundgefühl den Smoothie durch ein Sieb streichen.

Weintrauben

VIOLET PUNCH

Standmixer
Feinsieb

Für 2 Portionen

1 Birne
1 Handvoll rote Trauben
2 Rotkohlblätter
1 EL Dinkel
Saft von 1 Zitrone
20 ml Agavendicksaft
200 ml Wasser

(**1**) Birne grob zerkleinern.

(**2**) Alle Zutaten im Standmixer gründlich pürieren, gegebenenfalls durch ein Sieb streichen.

Violet Punch

Cherry Crusher

BÄMM!

CHERRY CRUSHER

Entsafter
Standmixer
Feinsieb

Für 2 Portionen

150–200 ml Kirschtee
2 Mandarinen
1 Birne
2 cm Ingwer
1 Granatapfel
1 Handvoll Himbeeren
1 EL Sonnenblumenkerne
Honig oder Agavendicksaft
(optional)

(**1**) Kirschtee aufbrühen und abkühlen lassen.

(**2**) Mandarinen schälen, Birne grob zerkleinern.

(**3**) Ingwer und Granatapfel schälen, Granatapfel entsaften.

(**4**) Alle Zutaten im Standmixer glatt pürieren. Gegebenenfalls den Smoothie durch ein Sieb streichen.

ASIAN GARDEN

Für 2 Portionen

½ Avocado
2 Staudenselleriestangen
      mit Blättern
1 TL Wasabipaste
1 TL Sesamöl
200 g Joghurt
Saft von ½ Zitrone
200 ml Wasser
Salz, Pfeffer

(**1**) Avocado entsteinen und Fruchtfleisch lösen.

(**2**) Alle Zutaten grob zerkleinern, im Standmixer glatt pürieren.

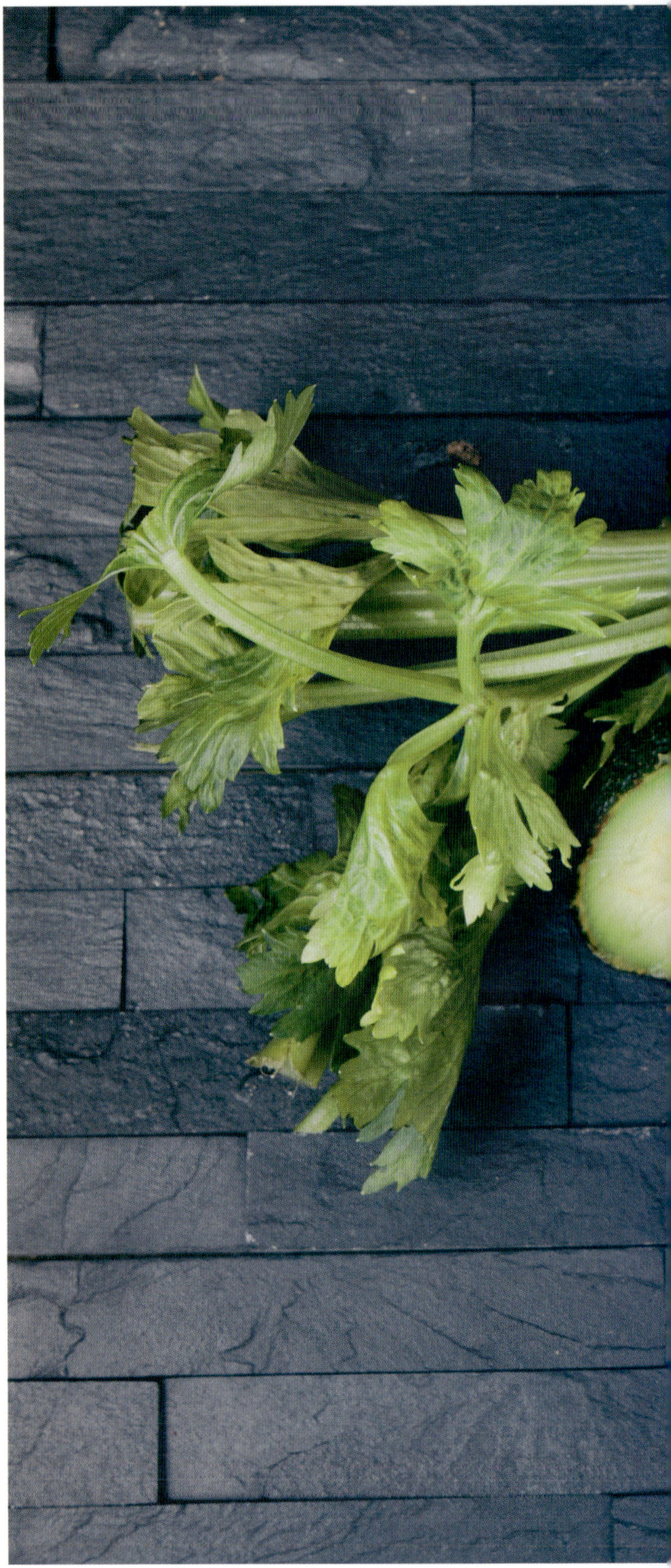

Asian Garden

Get up!

MARKETPL

GET UP!

Standmixer
Feinsieb

Für 2 Portionen

1 ½ TL schwarzer Tee
200 ml Wasser
1 EL Rosinen
1 Birne
1 Apfel
½ Banane
1 EL Haferflocken

(**1**) Tee mit kochendem Wasser aufbrühen, 5 Minuten ziehen lassen und abkühlen lassen.

(**2**) Rosinen 3–4 Stunden in etwas Wasser einweichen.

(**3**) Obst schälen und grob zerkleinern.

(**4**) Alle Zutaten, auch das Rosinenwasser, im Standmixer glatt pürieren. Für ein glatteres Mundgefühl Flüssigkeit durch ein Sieb streichen.

Als leckere Variante können Sie statt des Wassers auch Joghurt, Milch oder Kefir dazugeben.

Variante
— TIPP —

Pink Melon

PINK MELON

Standmixer
Feinsieb

Für 2 Portionen

¼ Cantaloupe-Melone
8 Erdbeeren
1 Handvoll rote Trauben
Saft von 1 Pink Grapefruit

(**1**) Melone und Erdbeeren grob zerkleinern.

(**2**) Alle Zutaten im Standmixer glatt pürieren, gegebenenfalls Smoothie durch ein Sieb streichen.

SOJA FRUIT CRUNCH

Standmixer

Für 2 Portionen

8–9 Erdbeeren
1 Handvoll Himbeeren
1 Handvoll rote Trauben
2 EL Mandelsplitter
Saft von 1 Zitrone
400 ml Sojamilch

(**1**) Alle Zutaten im Standmixer gründlich pürieren.

(**2**) Für ein glatteres Mundgefühl die Flüssigkeit durch ein Sieb streichen.

BIO ROCKET

Feinsieb
Standmixer

Für das Mandelmilch

200 g Mandeln
700 ml Wasser

Für 2 Portionen

2 Maracujas
½ Mango
1 Handvoll Rucola
Saft von 1 Limette
250 ml Mandelmilch

(**1**) Mandeln leicht mit Wasser bedeckt über Nacht quellen lassen.

(**2**) Die aufgequollenen Mandeln mit 700 ml warmem Wasser im Standmixer glatt pürieren.

(**3**) Abschließend die fertige Mandelmilch durch ein Sieb streichen.

(**4**) Maracujas halbieren und das Fruchtfleisch mit einem Löffel lösen.

(**5**) Mango halbieren, entsteinen, schälen und grob zerkleinern.

(**6**) Alle Zutaten im Standmixer glatt pürieren.

In einer ausgekochten Glasflasche mit Deckel ist die Mandelmilch bis zu 1 ½ Wochen haltbar.

Tipp

wake me up

BANANDEL

Für 2 Portionen

300 ml Mandelmilch
(⟶ S. 128, 1–3)
2 Bananen
1 Prise Zimt
Ahornsirup oder Agavendicksaft
(optional)

(**1**) Mandelmilch, geschälte Bananen und Zimtpulver im Standmixer glatt pürieren.

(**2**) Mit Ahornsirup oder Agavendicksaft abschmecken.

DOUG FUNNIE

Für 2 Portionen

1 Birne
1 Apfel
½ Rote Bete
1 Karotte
2 cm Ingwer
1 TL Sesamöl
150 ml Rote-Bete-Saft
200 ml Wasser
Salz

(**1**) Obst und Gemüse grob zerkleinern. Ingwer schälen und ebenfalls grob zerkleinern.

(**2**) Alle Zutaten im Standmixer glatt pürieren. Für ein glatteres Mundgefühl den Smoothie durch ein Sieb streichen.

Doug Funnie

Wunderwasser

WUNDERWASSER

Topf
Standmixer
Feinsieb

Für das Ingwerwasser

100 g Ingwer
1 l Wasser

Für 2 Portionen

1 Apfel
1 Birne
1 großes Stück Süßkartoffel
   (5 x 5 cm)
1 cm Galgant
½ Chilischote
300 ml Ingwerwasser

(**1**) Ingwer schälen und in dünne Scheiben schneiden.

(**2**) Wasser im Topf zum Kochen bringen, Ingwer dazugeben und den Topf vom Herd nehmen.

(**3**) Den Topf abgedeckt über Nacht ruhen lassen.

(**4**) Das Ingwerwasser durch ein feines Sieb gießen und abkühlen lassen.

(**5**) Apfel, Birne, Süßkartoffel und Galgant in grobe Stücke schneiden.

(**6**) Chili der Länge nach halbieren und entkernen.

(**7**) Alle Zutaten im Standmixer glatt pürieren. Für ein glatteres Mundgefühl den Smoothie durch ein Sieb streichen.

Variante
— TIPP —

Alternativ zur Lagerung über Nacht kann der Ingwer für das Ingwerwasser auch kurz aufgekocht werden. Dabei wird der Ingwergeschmack intensiver und schärfer. Die schonende Lagerung über Nacht verleiht dem Wasser einen deutlich sanfteren Geschmack.

COFFEE UP

Mörser
Aero Press (alternativ
Pressstempelkanne)

Für 5 Portionen

4–5 Kardamomkapseln
5 gehäufte TL grob gemahlenes
  Kaffeepulver
Mark von ½ Vanilleschote
2 TL geröstete Sesamkörner
200–250 ml Wasser

(**1**) Kardamomkapseln in einem Mörser grob andrücken, sodass sich die Kapseln öffnen.

(**2**) Alle Zutaten in den Brühzylinder geben, mit ca. 90 °C heißem Wasser übergießen und etwa 60 Sekunden ziehen lassen. Danach umrühren.

(**3**) Den Presskolben aufsetzen und weitere 4–5 Minuten ziehen lassen.

(**4**) Den Presskolben langsam herunterdrücken.

Sie können den Kaffee genauso gut in einer Pressstempelkanne (French Press) zubereiten. Trinken Sie den Kaffee entweder sofort oder füllen Sie ihn in eine andere Kanne um, sodass er nicht weiter ziehen kann.

Variante
— TIPP —

COFFEE UP FRAPPÉ

Schüssel
Standmixer
Sieb

Für 1 Portion

100 ml Haselnussmilch
  (⟶ S. 63)
100 ml Coffee up (⟵ siehe links)
2 TL Stevia-Streusüße
2 Handvoll Crushed Ice

(**1**) Alle Zutaten mit Crushed Ice in den Standmixer geben und 10 Sekunden auf Stufe 1 mixen.

(**2**) Anschließend das Frappé für 20–30 Sekunden auf Stufe 2 mixen.

Ist das Frappé noch zu flüssig, geben Sie zusätzliches Crushed Ice in den Mixer.

Tipp

Coffee up Frappé

POWER

Nimma die
Möhrchen

NIMMA DIE MÖHRCHEN

Standmixer
Sieb
Topf

Für 2 Portionen

2 Karotten
1 Apfel
½ TL gemahlene Kurkuma
1 EL geschrotete Leinsamen
300 ml Kefir (·····⋗ S. 49)
100 ml Wasser
1 EL Kürbiskernöl
2 TL Ahornsirup (optional)
Pfeffer, Salz

(**1**) Karotten und Apfel grob klein schneiden.

(**2**) Alle Zutaten im Standmixer glatt pürieren. Gegebenenfalls durch ein Sieb streichen.

(**3**) Das Smoothie-Süppchen in einen Topf geben und langsam erhitzen. Mit Ahornsirup, Pfeffer und Salz abschmecken.

SPICY COLD DRIP

Mörser
verschließbares Gefäß

Für 8 Portionen

6 grüne Kardamomkapseln
3 Sternanis
3 Nelken
250 g gemahlener Kaffee
   (mittlerer Grad)
1 l Wasser

(**1**) Gewürze im Mörser grob zerdrücken, sodass die Kardamom- und Sternaniskapseln aufbrechen.

(**2**) Gewürze, Kaffee und Wasser in ein Gefäß geben und gründlich verrühren.

(**3**) Gefäß verschließen und 12 Stunden ziehen lassen. Von Zeit zu Zeit das Gemisch kräftig durchrühren.

(**4**) Kaffee langsam durch einen Kaffeefilter passieren.

Der Spicy Cold Drip kann kalt oder warm genossen werden. Das kalte Aufbrühen löst weniger Bitterstoffe aus dem Kaffee, sodass er leichter und bekömmlicher schmeckt.

Tipp

GREEN ENERGIZER

Milchaufschäumer oder Schneebesen

Für 4 Portionen

1 ½ TL Matchapulver
200 ml Wasser
½ Pfirsich
Saft von ½ Zitrone
7–8 Zitronenverbeneblätter

(**1**) Matchapulver mit max. 80 °C heißem Wasser aufgießen und mit einem Milchaufschäumer oder Schneebesen schaumig rühren.

(**2**) Pfirsich entsteinen und in möglichst dünne Scheiben schneiden.

(**3**) Zitronensaft, Pfirsichscheiben und Verbeneblätter auf Gläser verteilen.

(**4**) Den noch warmen Tee angießen.

Der Green Energizer kann warm und kalt genossen werden. Nehmen Sie nach 1 Stunde die Verbeneblätter aus dem Tee, da er sonst bitter werden kann.

SPICY KEFIR FRAPPÉ

Standmixer

Für 2 Portionen

100 ml Spicy Cold Drip (····> S. 137)
200 ml Kefir (····> S. 49)
1 EL Ahornsirup
2 Handvoll Crushed Ice

(**1**) Alle Zutaten in den Standmixer geben und 10 Sekunden auf Stufe 1 mixen.

(**2**) Anschließend das Ganze für 20 Sekunden auf Stufe 2 mixen.

Falls das Frappé noch zu flüssig sein sollte, geben Sie etwas mehr Crushed Ice in den Standmixer.

Register

Impressum

© 2015 Fackelträger Verlag GmbH, Köln
Emil-Hoffmann-Straße 1
D-50996 Köln

Autor: Stephan Hinz, Köln
Unterstützt von: Andreas Kämmerling, Eva Zellmer,
Lars Holzem, alle Köln
Fotograf: Daniel Kokavecz, Köln
Layout, Satz: Christa Marek, Köln
Umschlaggestaltung: Christa Marek, Köln
Gesamtherstellung: Fackelträger Verlag GmbH, Köln

ISBN 978-3-7716-4594-6
Printed in China

www.fackeltraeger-verlag.de
www.cocktailkunst.de
www.littlelink.de